AMAR...
APESAR DE TUDO

Dados Internacionais de Catalogação na Publicação (CIP)
(Câmara Brasileira do Livro, SP, Brasil)

Leloup, Jean-Yves
Amar... apesar de tudo : para que cada um de nós transforme seu destino em um projeto consciente / Jean-Yves Leloup, encontro com Marie de Solemne ; tradução de Guilherme João de Freitas Teixeira. – Petrópolis, RJ : Vozes, 2017

Título original : *Aimer... malgré tout*

1ª reimpressão, 2017.

ISBN 978-85-326-5344-4

1. Amor 2. Ciências – Filosofia 3. Consciência 4. Espiritualidade 5. Místicos 6. Ontologia I. Solemne, Marie de. II. Título.

16-07294 CDD-111.1

Índices para catálogo sistemático:
1. Ser : Ontologia : Filosofia 111.1

Jean-Yves Leloup

AMAR...
APESAR DE TUDO

Para que cada um de nós
transforme seu destino
em um projeto consciente

Encontro com Marie de Solemne

Tradução de
Guilherme João de Freitas Teixeira

Petrópolis

Rua Frei Luís, 100
25689-900 Petrópolis, RJ
www.vozes.com.br
Brasil

Título original em francês: *Aimer... malgré tout*

Editoração: Maria da Conceição B. de Sousa
Diagramação: Sandra Bretz
Revisão gráfica: Clauzemir Makximovitz
Capa: Ygor Moretti
Ilustração de capa: ©Love-Lava / ©MSSA | Shutterstock

ISBN 978-85-326-5344-4

Este livro foi primeiramente publicado no Brasil pela Verus Editora, em 2002.

Editado conforme o novo acordo ortográfico.

Este livro foi composto e impresso pela Editora Vozes Ltda.

SUMÁRIO

PRÓLOGO

Em marcha...

Hoje mais do que nunca...

Eis a fórmula utilizada no início de um grande número de escritos contemporâneos; no entanto, tal expressão nem sempre é apropriada. Se estamos falando de amor, de sofrimento, do questionamento incessante do ser humano diante de seu destino, não é este o começo mais adequado: "Hoje, mais do que nunca..."

Seria mais exato dizer: hoje como outrora – e talvez até mesmo como amanhã –, na maior parte das vezes, nada compreendemos do que acontece conosco, sentimo-nos alucinados diante de nossos desejos, de nossas obrigações e, às vezes, apesar de tudo, apesar de nós mesmos, renunciamos a amar, renunciamos a viver com dignidade!

Será que existe um caminho para transpor os abismos?

Será que existe uma saída para o absurdo?

Há muito tempo, sabemos que essas questões – embora quase nunca expressas verbalmente, formuladas – constituem, todavia, a pedra angular de nossos sofrimentos inconfessados, a própria essência da imensa fadiga de sermos o que somos.

No entanto, no ápice da interrogação, a resposta filosófica, por mais bem elaborada que seja, por si só não é suficiente. Consideradas isoladamente, as chaves psicológicas freudianas, lacanianas ou junguianas já demonstraram seus limites. E uma via espiritual ou religiosa privada de qualquer espírito científico, metafísico e psicanalítico está longe de corresponder às nossas expectativas, falando-nos da saída sem nos mostrar o caminho com seus meandros, sem explicar claramente a razão pela qual já não conseguimos avançar.

Mas, justamente, a considerável força da palavra de Jean-Yves Leloup é que ela é sistematicamente informada, ao mesmo tempo, por uma reflexão filosófica, psicanalítica e espiritual.

É assim que, aos poucos, são desmanteladas as barreiras entre as disciplinas para que se abra diante de nós o caminho de nossa plena realização.

Todos nós, em uma ou várias vezes na nossa vida, tivemos de enfrentar impasses. Impasses amorosos, impasses de relacionamento, impasses familiares, impasses profissionais, impasses espirituais... O trabalho de cada ser humano consiste, então, em transformar em caminho o impasse ou beco! Mas, para isso, será que não nos faltam elementos de discernimento? Elementos indispensáveis para escolhermos o rumo de nossa vida, em vez de sermos obrigados a suportar suas vicissitudes.

Como transformar esse beco em uma passagem verdadeiramente aberta?!

Eis a questão principal que motivou e serviu de guia a todo o trabalho deste livro. De fato, há alguns anos, temos ouvido falar muito de "sentido": encontrar sentido para o que vivemos, dar sentido ao que nos acontece etc. Mas, se a atribuição de sentido à provação – inclusive ao absurdo – pode, às vezes, ajudar-nos a compreender o que se passa conosco, raramente esse esforço é suficiente para permitir que superemos tal provocação.

Nesse caso, como nos declara Jean-Yves Leloup: *"Hoje, em vez de procurar o sentido, estou interessado em encontrar a saída"*.

É isso mesmo. Agora, trata-se de transformar o beco em caminho, de fornecer e encontrar uma saída para nossa vida imobilizada por uma desgraça, congelada por um temor ou por uma lembrança terrível, tolhida diante de um futuro por demais incerto!

"Em marcha aqueles que choram", diz Jesus em As Bem-aventuranças.

Nem todos nós conseguimos chorar as lágrimas de água salgada que exprimem uma aflição, um sofrimento, uma grande fadiga; nem todos nós conseguimos mostrar a fluidez que nos habita e, às vezes, nos submerge. Mas, praticamente, acontece com cada um de nós, às vezes, não compreender nada, não desejar nada, nem saber nada do que se passa... Rios de lágrimas estão escorrendo, mas apenas em nosso íntimo, escondidos dos olhares fugidios e contidos de tal modo pelo pudor ou pelo medo de que eles venham a invadir o coração, acabando por submergi-lo ou, paradoxalmente, tornando-o ressequido...

Assim nascem os homens com coração de pedra...

Este encontro-entrevista com Jean-Yves Leloup tem justamente a esperança, o desejo de ajudar a reencontrar o sentido da caminhada, o gosto da alegria, a energia para que cada um de nós venha a descobrir sua saída pessoal, para que cada um de nós transforme seu destino em um projeto consciente.

Os temas abordados não têm a pretensão de ser exaustivos, mas reúnem as questões que surgem, com maior frequência, em conversas íntimas, amigáveis ou em consultas médicas.

É extremamente conhecido o que se passa: as sangrentas guerras entre continentes começam pelo espírito de guerra familiar, por um estado de guerra entre os cônjuges, por uma disposição guerreira contra a própria pessoa!

O amor, o desejo, o orgulho, a humildade, a confissão, o perdão, o mistério da felicidade ou a aliança no casamento são outras tantas ocasiões de guerra ou de paz, outras tantas ocasiões para que os cônjuges aprendam a se conhecer, a se apreciar, em vez de tentarem obstinadamente a destruição mútua.

O momento capital deste encontro será constituído pelos dois últimos capítulos em que é analisada uma noção fundamental, a saber: o homem é, ao mesmo tempo, indefinido[1] e fluido!

E embora essa constatação possa ser, em uma primeira abordagem, desestabilizadora, iremos compreender bem depressa que, nesse ponto, encontramos as chaves do comportamento humano; essas chaves que podem *abrir a porta que dá acesso ao jardim*, ou seja, oferecer-nos uma saída para nosso caminho.

Marie de Solemne

1 No original, *flou*, termo que indica falta de nitidez, contornos imprecisos, algo vago, ambíguo, vaporoso, desfocado, inconsistente, indeciso, tênue... [N.T.].

1
A liberdade de uma vida plenamente assumida

Será que se pode conciliar a noção de um destino "pré-traçado" com a de uma liberdade ontológica do homem? Não existirá uma oposição entre essas duas noções?

O homem é uma mistura de natureza com aventura. Trata-se de aceitar a natureza tal como ela é: se minha natureza é de argila e não de mármore, nada posso fazer para modificar isso. O que eu chamo meu carma é a lei de causa e efeito, meu código genético, minha herança, o pacote de memórias que eu sou. O ego, o Eu, é constituído de todas essas memórias. Esse é o terreno, a matéria, a forma...

Ao referir-se a "todas essas memórias", você está fazendo alusão à memória coletiva, individual ou ainda familiar, ou tratar-se-á de memórias de vidas precedentes, conforme nos é transmitido por certas tradições?

Isso tem pouca importância. Em todos os casos, trata-se realmente do código genético: a memória da humanidade. No meu corpo, detenho a memória das antigas galáxias, já que, como sabemos, somos poeira de estrelas. Se penetramos na consciência de nossas células, voltamos a encontrar todas essas velhas memórias. Falar de "vidas anteriores" é, portanto, uma forma de exprimir isso. Todavia, embora nossa matéria seja constituída dessa memória da humanidade, é pela intervenção de nossa liberdade que daremos orientação a essa memória, que levaremos nossa natureza a viver essa aventura.

A primeira liberdade consiste em aderir ao que é.

Aderir a esse "pacote" que nos é confiado; aceitar que nossa natureza seja de mármore ou de argila... Realmente, com essa argila, posso fabricar um penico ou uma Vênus de Milo!

Na verdade, a liberdade residiria não no ato de escolher, mas no de aceitar?

Exatamente. No entanto, se é correto dizer que *nos tornamos livres em relação à natureza ao nos submetermos a ela...*, é necessário acrescentar: mas também ao orientá-la. Liberdade não é passividade! Com toda a certeza, minha liberdade consiste em aderir ao que é, ou seja, à minha matéria, à minha natureza, à minha herança, mas orientando tudo isso em direção ao que (para mim, em meu desejo) me parece ser o belo, o melhor.

Mas onde estará nossa liberdade de escolha?

Temos a liberdade de escolher ou de recusar o que é. Por exemplo, neste instante posso recusar sua existência; posso pedir-lhe para sair desta sala; posso, inclusive, expulsá-la... E vamos embrenhar-nos em uma luta! Mas posso também aceitar sua presença; aliás, serei tanto mais livre em relação ao fato de você estar aqui, se eu aderir totalmente à sua presença. E se me abro para apreciar sua presença... então, torno-me cada vez mais livre!

Diante das provações, sabemos que alguns seres humanos reagem com fatalismo, enquanto outros dão testemunho de uma extrema combatividade. Quais serão aqueles que fazem bom uso da liberdade?

A liberdade é, também, a liberdade de interpretar. Estamos condenados a interpretar. Assim, se eu tiver um câncer, sua evolução será diferente, dependendo da forma como eu vier a interpretá-lo. Minha interpretação não é simplesmente um pensamento isolado, mas tem uma incidência física.

Esta capacidade que o homem tem de interpretar, de atribuir (ou não) sentido ao que lhe acontece, é exatamente o que transforma seu destino em um projeto consciente. Nossa verdadeira liberdade reside no fato de passarmos de uma vida suportada para uma vida assumida. Trata-se sempre da mesma vida, dos mesmos sintomas, da mesma doença, do mesmo sofrimento ou da mesma felicidade... Mas, se me limito a suportá-la, deixo de exercer essa capacidade própria ao homem de interpretar, imaginar, orientar, atribuir sentido ao que lhe acontece... E, nesse caso, estarei em situação de identificação.

Para passar de uma vida suportada para uma vida plenamente assumida, o homem tem necessidade de poder justificar as provações que vivencia. Mas você não acha que, na maior parte das vezes, seja muito difícil encontrar uma justificativa humana ou divina para algumas dessas provações, por exemplo, a perda de um filho, o desaparecimento de uma família em um genocídio?

É verdade que o maior sofrimento é aquele ao qual não é possível dar sentido. Mas creio que há um momento em que devemos interromper nossa busca de justificativas; um momento em que devemos aceitar que, apesar de certas coisas não terem sentido para nossa razão, nem por isso elas deixam de ter sentido... Com toda a certeza, elas parecem absurdas! Mas absurdas por quê? Para quem?

Para nossa razão humana.

O sentido de certas provações está para além da razão, para além da compreensão. Devemos descobrir a aceitação do não sentido, a aceitação do absurdo, porque é tal atitude que nos ajuda a chegar ao "sentido que está para além da razão". Eis a razão pela qual a experiência do absurdo parece-me muito importante.

É no âmago do absurdo que irei descobrir o sentido do intolerável. Caso contrário, só existirão razões e justificativas. A vida não se "justifica"... O poeta, o sábio ou qualquer outra pessoa que tenha suportado uma provação (a provação do fogo, a provação da vida) deixa de procurar justificativas, já não se dispõe a fornecer explicações... com efeito, a própria vida não fornece explicações!

Em vez de refletir sobre o sentido da vida, trata-se de vivê-la. E o sentido revela-se na intensidade com a qual vivemos esta vida. Caso contrário, situamo-nos fora da vida e ficamos nos observando ao invés de viver...

No âmago do absurdo ou diante de uma situação insuportável, algumas pessoas dirigem-se, às vezes, a um médium. Se é verdade que, nesse campo, grassa um grande número de charlatães, no entanto, é inegável que algumas predições têm sido confirmadas no decorrer do tempo. Onde estará a liberdade do homem se uma pessoa estranha pode "pré-dizer" seu futuro, a finalidade da provação"?

Trata-se, nesse caso, do próprio exercício do talento profético. Mas este não permite enxergar o futuro... o que ele permite é olhar o presente! E este presente contém a causa que precede o acontecimento, assim como os efeitos consequentes. É na própria profundidade do presente que podemos "enxergar". Mas nunca podemos estar seguros... Os efeitos esperados podem esbarrar em um obstáculo imprevisto que terá, como consequência, a modificação do encadeamento lógico das causas e dos efeitos.

As predições de um médium não seriam, afinal de contas, uma probabilidade analítica que comporta um risco de erro?

De alguma forma, é isso mesmo. Quando um médium olha para você, ele enxerga o que você é; e no que você é, ele vê o que você poderá vir a ser. Buda dizia: "Vocês querem conhecer suas vidas anteriores? Reparem no que vocês são agora: vocês são o resultado dessas vidas. Vocês querem saber o que serão mais tarde? Reparem no que vocês são agora. Se souberem o que vocês são hoje, vocês hão de saber o que serão amanhã..."

Quem será capaz de se "enxergar" dessa forma?

Todo o mundo possui essa capacidade. Algumas vezes, a vida nos obriga a nos observarmos dessa forma.

Assim, quer dizer que todos nós somos médiuns?

É claro. Somos todos inteligentes, todos nós sabemos ler no real. Mas é verdade que, às vezes, deixamos de saber ler; acabamos perdendo o gosto de ler, o gosto pela leitura. Não é a luz que falta a nossos olhos, mas nossos olhos que carecem de luz. A luz está sempre presente. O que é, é... Podemos abrir os olhos ou fechá-los, do mesmo modo que podemos abrir as persianas para a entrada do sol ou fechá-las... mas não é porque nossas persianas estão fechadas que o sol deixa de existir! Não é porque dizemos "não!" que Deus deixa de Ser.

Quando você diz: "O que é, é", fico pensando no abismo que separa "o que eu sou" de "o que eu gostaria de ser"...

O que cria a angústia é justamente a distância entre o que eu gostaria de ser (a ideia que tenho de mim) e o que eu sou. Quanto menor for tal distância, menos intensa será a angústia, porque haverá uma pretensão, uma expectativa menos acentuada.

Essa expectativa não será o que chamamos desejo?

Seria necessário descobrir o desejo sem expectativa. O desejo sem expectativa é uma abertura ao que é. É amar o que é, em vez de amar o que não é.

De fato, será desejar o que já possuímos?

Deseja tudo o que tens e terás tudo o que desejas... O Evangelho de Tomé diz também: "*Se pudéssemos ver o que vemos...!*"

Mas será que não vemos unicamente o que temos vontade de ver?

É por isso que não vemos nada! Mas não é ruim sonhar, isso nos impele a avançar. Com certeza, você conhece esta história. Um homem, certa noite, sonha que, debaixo de um castanheiro perto de uma aldeia, encontra-se enterrado um tesouro. Esse sonho é de tal modo forte, de tal modo intenso, que ele diz para si mesmo: "Tenho de ir a esse lugar!" Assim, põe-se a caminho. Passa por toda a espécie de países, desertos e, finalmente, chega a seu destino. Exatamente como no sonho, ele vê a aldeia, a árvore e sabe que, debaixo dessa árvore, existe um tesouro. A sombra do castanheiro, ele encontra um homem. Conta-lhe o sonho e diz: "Você sabia que debaixo desta árvore encontra-se um tesouro?" Com uma gargalhada, o interlocutor olha para ele e responde: "Engraçado que esse sonho me faz lembrar um outro que tive há não muito tempo... Passava-se em um país onde se encontrava uma casinha perto de uma aldeia... E, ao escavar debaixo do soalho da casinha, você descobria um tesouro..." De repente, o homem dá-se conta de que o lugar descrito é a sua própria casa!

Ele, então, volta... escava e, com efeito, descobre o tesouro que estava em sua casa.

É isso o que acontece frequentemente... Vamos à Índia, fazemos múltiplas viagens, toda a espécie de encontros. Mas, finalmente, é importante sonharmos – e, sobretudo, escutarmos nossos sonhos – para descobrirmos o que já está presente em nós.

2
A memória e o perdão

Você evoca frequentemente o poder da memória do corpo. O que é, exatamente, a memória do corpo? E, em sua opinião, será que ela é mais confiável do que a memória intelectual?

A memória do corpo é a nossa memória mais arcaica. O corpo registra tudo: o que vivenciamos tanto no seio de nossa mãe quanto após nosso nascimento. Nossa própria respiração é condicionada por essas memórias do corpo, pelos traumatismos que, porventura, ele tenha vivenciado; trata-se da memória encarnada. O corpo lembra-se de tudo o que vivenciou.

Quanto a mim, eu gostaria de reencontrar o que eu chamo de "anamnese essencial": rememorar o Ser. Em nosso corpo, existe também um espaço – livre, aberto – em que podemos nos lembrar do Ser que é.

A memória do corpo poderá ser um instrumento para alcançar o Ser em nós?

Em todo o caso, é um instrumento apropriado para nos conhecermos; sem dúvida alguma, um bom instrumento. O corpo lembra-se de coisas que, curiosamente, não teriam deixado vestígios em nossa mente; talvez, de um espaço...

Existem duas espécies de violência: a física e a psíquica. Será que ambas são registradas e interpretadas pela memória de maneira semelhante? E qual delas é mais difícil de ser curada, suprimida?

A violência física deixa vestígios explícitos: é isso o que, em minha opinião, ocorre no caso do incesto. Quando o pai ou a mãe passam ao ato, existe uma memória localizada; mas, se a pulsão permaneceu no desejo, mais ou menos consciente, do pai ou da mãe, tudo se torna mais difuso. Com toda a certeza, nosso corpo conserva a memória disso; no entanto, o medo daí resultante é, por sua vez, bastante difuso.

Em compensação, se somos verdadeiramente atingidos, machucados, estuprados, pelo menos, nesse caso, temos conhecimento do sucedido! Trata-se de uma memória quase imediata, muito, muito física, enquanto a memória de violências psíquicas, de manipulações às quais eventualmente fomos submetidos (uma criança que cresceu em meio ao conflito entre o pai e a mãe), é muito mais diluída, imprecisa. Qual das duas será mais perniciosa, mais dolorosa? Não existe uma escala de valores. Sofrimento é sofrimento, mas é necessário abster-se de pensar que, a pretexto de que não houve passagem ao ato, deixará de existir qualquer vestígio porque, apesar de tudo, o corpo também acabou sentindo alguma coisa.

Parece que você está querendo dizer que seria quase preferível que tivesse acontecido a passagem ao ato!

Pelo menos, isso é explícito. A ab-reação, a "revivescência" dessa memória passada é mais fácil quando tal violência foi efetivamente consumada. Eu digo mais fácil, embora também mais dolorosa.

Será que uma violência suportada, mas não explicitada, gera uma espécie de paranoia difícil de rotular?

Exatamente! A paranoia pode vir da projeção sobre o outro de desejos que – talvez ainda durante nossa infância – tenhamos sentido, mas nunca chegaram a ser explicitados. Então, efetivamente imaginamos que o outro deseja isto ou aquilo... enquanto, no exemplo do estupro, com toda a certeza ficamos desconfiados, mas desconfiamos a partir de elementos concretos, de atitudes reais que despertam angústias.

A memória não criará obstáculos a uma possibilidade qualquer de perdão?

A alguém que nos feriu, que nos provocou sofrimento, podemos perdoar com nossa mente, com nosso coração; no entanto, o corpo leva muito tempo a perdoar. É muito difícil reencontrar a inocência do corpo.

Na educação cristã, é recomendado, ao mesmo tempo, perdoar ao próximo e evitar o julgamento. No entanto, como tenho a impressão de que o julgamento precede o perdão, não haverá nessa maneira de ver um paradoxo? Será que o perdão nos pertence?

Não, o perdão não nos pertence. O perdão é propriamente divino. Convém lembrarmo-nos sempre de que o Eu não pode perdoar; aliás, ele não tem de perdoar e nem é aconselhável perdoar imediatamente. Se alguém nos ofende, é necessário que tenhamos uma conversa com essa pessoa. Às vezes, tal atitude exige retribuição. Antes da misericórdia, antes do perdão, existe a justiça divina. Mas não é o Eu que perdoa; o Eu não pode perdoar porque, justamente, ele não esquece o que vivenciou. Em compensação, ocorre que o Eu se abre para algo maior do que ele próprio. Nesse instante, para além do Eu, o perdão se manifesta; este vai além do dom, além da aceitação.

Você pensa que, na educação cristã, a noção de perdão é bem explicada?

É verdade que não se pode dizer a alguém que "é necessário perdoar", assim como não é possível dizer que "é necessário amar"; a fórmula *é necessário* é algo supérfluo. No entanto, podemos aceitar o que é, procurar compreender, até mesmo exigir compreender o que se passa. Com efeito, exigir é também uma forma de respeitar o outro; é exigir dele que se dê conta do que fez. Em seguida, no âmago da compreensão, no âmago da explicitação, no âmago do enfrentamento que reclama justiça, há um momento em que somos como que lavados de nossas memórias. Neste instante, intervém alguma coisa que está para além do Eu, para além do dom: ora, é isso o que se pode chamar perdão.

Efetivamente, somente Deus poderá perdoar; no entanto, Ele perdoa o homem através do homem. Este poderá participar também do dom gratuito, da inocência reencontrada. Nesse aspecto, encontramo-nos no âmago do Evangelho, no Pai-nosso: *"Perdoai-nos, como nós perdoamos..."* significa que a energia divina, o amor divino, não podem circular a não ser que nós mesmos estejamos abertos para essa energia e amor divinos. Se eu não estiver aberto para essa possibilidade que está em mim, para essa capacidade divina de perdoar ao outro, a vida de Deus não poderá circular em mim. É assim que, em determinados momentos, o homem acaba por se tornar melhor do que ele próprio.

3
Injustiça humana e justiça divina

Como é que um povo inteiro pode viver o horror de um genocídio e, ao mesmo tempo, conservar a fé em uma justiça divina? Será que isso é humanamente possível?

Isso é possível porque o homem pode fazer a experiência em si mesmo de alguma coisa que está para além do absurdo, da loucura e da maldade. Estou pensando no exemplo do judeu que, ao presenciar a cena de uma criança que era conduzida para o forno crematório, grita: "Onde está Deus... Onde está Deus?!" Nesse momento, um de seus amigos, indicando a criança, diz-lhe: "Deus... está aí!"

Deus é o que há de inocente em nós, Aquele que sofre com o mal e não Aquele que o permite ou o cria. Deus é a Vida inocente que sofre. O próprio Cristo encarnou essa inocência de modo que a traição de seus amigos foi um sofrimento absurdo! No entanto, Ele não dá explicação para o sofrimento; quando este ocorre, Ele o aceita e o vivencia... Ele também não se deixa prender a esse sofrimento; não sente complacência nisso. Os cristãos são, às vezes, um pouco complacentes em relação ao sofrimento... tal atitude é lamentável.

O sofrimento é, muitas vezes, considerado necessário. Será mesmo?

De modo algum.

Então somente a provação é que seria necessária?

Nada é "necessário".

Então por que razão a experiência do sofrimento é apresentada como uma etapa incontornável, essencial para a evolução?

Porque, infelizmente, o homem sente melhor sua existência na dor...

Tal postura não será um comportamento masoquista?

Com certeza. No homem, o conhecimento emerge através da dor. Na maior parte das vezes, perdemos a capacidade de conhecer nos momentos de alegria; não sentimos nossos limites a não ser no decorrer de experiências dolorosas. Eis o que é evidente, por exemplo, na área da saúde: só sinto meu estômago quando tenho cólicas! Sem isso, nem sei que tenho um estômago... É uma pena. Do mesmo modo que podemos sentir nosso estômago sem ter cólicas, podemos sentir nossa alma sem que esta nos machuque, sem que ela esteja triste.

Mas como sentir o que não é sentido?... Perdemos a *sensorialidade*, a sensualidade do que não é sentido. Com efeito, no masoquismo, temos necessidade de coisas que nos provoquem um sofrimento cada vez mais intenso. Do mesmo modo que, para sentirmos o sabor dos alimentos, temos necessidade de iguarias cada vez mais condimentadas... porque perdemos o sabor do simples, o sabor da água; perdemos a sensibilidade que permite sentir que, na água, existem também grandes diferenças de qualidade[2].

---

2 No original, *grands crus*, expressão que se aplica diretamente ao vinho para indicar que se trata de um produto de renome [N.T.].

Será que essa necessidade de sofrimento sentida pelo homem não acaba por induzi-lo a um paradoxo: Flertar com a morte para ter a impressão de que está vivo?

Exatamente. Constatamos tal comportamento em um grande número de adolescentes. É a razão pela qual não estou totalmente de acordo com Freud quando ele fala da pulsão de morte. Com efeito, o que procuramos não é a morte... Acontece que só sentimos a vida quando ela está próxima da morte!

Realmente, por não conseguirmos encontrar a Vida na vida, vamos procurá-la na morte...

É isso mesmo. Temos um exemplo dessa atitude nos esportes radicais. É lamentável, mas temos muita dificuldade em sermos heróis enquanto ingerimos nossa sopa! Temos necessidade de situações em que o heroísmo possa emergir em nós: apercebemo-nos de que alguém está se afogando; saltamos da ponte e... descobrimos que existe heroísmo em nós. Mas será que podemos adotar essa mesma atitude de lucidez, de generosidade, ao ingerirmos nossa sopa?!...

Será que existe um modo de vivenciar a intensidade do instante sem recorrer a tais extremos?

Sem dúvida... Mas não é verdade que perdemos a capacidade própria à criança de usufruir com todos os seus poros? Seria necessário que reencontrássemos em nós a pessoa que sabe vibrar intensamente, aquela que encontra muitas formas de usufruir do que é, que não tem necessidade do sofrimento, nem de uma focalização particular desta ou daquela região de seu corpo.

4
As causas do desejo

Entre a projeção de um desejo e o acesso ao prazer, existe, às vezes, um fosso intransponível. Essa incapacidade de reencontrar em nós a pessoa que vive intensamente não conduz a perigosas frustrações?

Na Índia, por exemplo, diz-se que o desejo nos coloca no exílio... porque acabamos desejando o que não temos. Por sua vez, o prazer é propriamente divino.

A vida do santo, do sábio, é uma vida de prazeres. Ele se alegra com o que vivencia no próprio instante. Pode até mesmo alegrar-se com o sofrimento... Pode até mesmo alegrar-se com a morte...!

Isso é bastante paradoxal?!

É completamente paradoxal! Estou pensando em uma reflexão de Jean Guitton que, por ocasião de um debate, disse-me: "Na cruz, o Cristo estava no auge da alegria..."

Naquele momento, achei esse gênero de reflexão insuportável! Mas, se refletirmos bem... o Cristo estava, efetivamente, no auge da alegria na medida em que Ele havia atingido o ápice do amor; na medida em que Ele se doava totalmente!

Ao ser habitado pela consciência e pelo amor – e até mesmo continuando a provocar seus efeitos –, o sofrimento acaba sendo contido em alguma coisa infinitamente mais ampla. Por exemplo, se estamos sofrendo por um ente querido, já não se trata do mesmo sofrimento...

Uma vez mais, voltamos ao que dizíamos precedentemente: é necessário passar do sofrimento suportado para o sofrimento – não estou dizendo que o procuremos, propositalmente, com obstinação –, mas para o sofrimento aceito e transformado pelo poder do amor.

Então voltamos igualmente à necessidade de justificar o sofrimento por um "para quem?" Assim, quando o homem chega ao limite de sua decepção, será que a derradeira razão para o sofrimento, o derradeiro "Quem" é Deus?

Sim. Podemos viver sem "por que", mas será que poderemos viver sem "para quem"?

A mãe, o pai, podem viver para o filho; um homem, uma mulher podem viver para o ser amado, mas será que isso é suficiente? Quando esse homem ou essa mulher abandonam, enganam, o parceiro... Quando esse filho vai tocar a vida em outro lugar... então, nesse caso, para quem essas pessoas irão viver?

Se vivemos para Deus, para o Ser, para Aquele que vive, até mesmo o sofrimento poderá ser uma experiência, uma oferenda. Nada está perdido...

No entanto, algumas pessoas deixam, às vezes, de viver para os outros; mas, em vez de viverem para Aquele que vive, elas vivem para si mesmas...

Não sei se é possível viver durante muito tempo para si mesmo... Viver para si mesmo é viver protegendo-se, defendendo-se; é viver na defensiva. Em vez de uma vida em que o ser se doa, trata-se de uma vida em que o ser se protege.

Isso é verdade. Mas não lhe parece que, em vez de uma postura de doação, a maior parte das pessoas tem tendência a se proteger?

Com certeza. Passamos toda a nossa vida protegendo-nos da Vida. Eis a razão pela qual nosso medo da morte é proporcional a nosso medo da vida... a nosso medo do amor!

Temos medo de amar, porque amar é mortal!

"O amor é uma doença mortal, sexualmente transmissível!", diz, sorrindo, Woody Allen. É verdade que o amor mete medo... que ele parece ser mortal! Por quê?

Temos medo de nos perder! Mas perder o quê? Nosso ego, nosso eu, a imagem que temos de nós mesmos...

Nossas ilusões?

Com certeza. Aliás, tudo o que temos a perder são apenas ilusões; não podemos perder a vida, não podemos perder o essencial.

Será possível que alguém tenha vivenciado experiências afetivas decepcionantes, traumatizantes e, no entanto, conserve a confiança no ser humano? Conserve uma certa forma de inocência, de capacidade para ainda se ofertar, para se doar uma vez mais?

Não. Estou pensando no versículo que diz: "Infeliz do homem que confia no homem".

A confiança deve ser depositada não no homem, mas na Vida que está nele: depositar confiança no que há de melhor nele; caso contrário, depositar confiança em uma pessoa é dedicar-se a uma grande desilusão.

Se você esperar alguma coisa de mim, você ficará terrivelmente decepcionada... Mas, se não alimentar nenhuma expectativa – e, ao mesmo tempo, tiver plena confiança em relação à Vida que está em você, que está em mim –, talvez venha a ocorrer alguma coisa. Porque, nesse caso, você já não espera nada do meu Eu...

Do Eu, do ego...?

Exatamente. Da mesma forma, eu não posso esperar nada do Eu do outro. Não deposito minha confiança nele porque sei que esse Eu tem limites: ele é mutável, mentiroso, inventa histórias... vive na ilusão. O ser humano é uma ilusão!

Em compensação, nesse Eu existe o Vivente, o *Self*, o Ser... seja lá qual for o nome que se lhe dê.

"Infeliz do homem que confia no homem", mas "bem-aventurado aquele que deposita sua confiança naquele que É": ele será como uma árvore verdejante à beira das águas...

Esse conserva a confiança. Até mesmo se for enganado por outro homem... aliás, ele não poderá esperar outra coisa!

Um trecho do Evangelho diz que Jesus sabe muitíssimo bem o que existe no homem... e Ele segue em frente. Ele não espera nada do homem, mas espera muito de Deus no homem. Ele revela ao homem o que existe de divino no homem. Ele sabe que, por si só, o homem não poderá perdoar; no entanto sabe igualmente que, se o Eu se abrir para algo maior que ele próprio, talvez o perdão venha a encontrar uma passagem. E, se o perdão encontrar essa passagem, Deus passará por ela, a felicidade também. No perdão há uma libertação.

Seria interessante estudar os nós, os bloqueios de um grande número de doenças que são originadas por alguma coisa que não conseguimos perdoar. Esse nó é uma memória que bloqueia. O ego, o Eu, é uma memória encolhida.

De tempos em tempos, esse nó se descontrai... surpreendentemente, no momento em que menos esperamos. Não podemos dizer "quero descontrair-me", como não podemos dizer "quero amar"... Somente, às vezes, de maneira surpreendente... isso ocorre!

5
As margens do orgulho e da humildade

No cristianismo, a humildade parece incontornável. Será que você estabelece alguma diferença entre a humildade e a modéstia? Com qual delas se combate o orgulho?

A modéstia é uma qualidade, uma virtude social de bom-tom, enquanto a humildade é a própria essência do homem.

A palavra *humildade* tem como raiz o termo latino *humus* (terra) que, em hebraico – *adamah* –, *faz* lembrar *adam;* assim, Adão significa argila, terra vermelha. O homem humilde é Adão. Ser homem é reconhecer-se terroso, argiloso; aliás, é por essa razão que somos todos irmãos, já que somos todos feitos de argila! Independentemente da cor de nossa pele – vermelha, amarela, branca ou negra –, somos todos feitos de argila! A humildade é a própria condição para ser aquilo que se é: para ser humano. Essa é a verdade de nossa humanidade.

Por sua vez, a modéstia é uma virtude social. Eis a razão pela qual, no cristianismo, quando se fala de humildade, trata-se simplesmente de uma referência à condição humana. O único momento em que Jesus se apresenta, em que ele pronuncia "Eu", é quando Ele diz: "Aprendam de mim que sou manso e humilde de coração". Ele poderia ter-nos ensinado a fazer milagres, a andar sobre as águas, a curar doentes, a converter o mundo... No entanto, Ele diz simplesmente: "Aprendam de mim que sou manso e humilde coração".

De fato, o que temos de aprender continuamente é a ser homens, ou seja, feitos de argila. Mas uma argila aberta ao céu! E isso com mansidão e humildade.

É certo que essa é a única coisa que não se aprende na universidade! Aprendemos a vestir nossa argila, a controlá-la... ou a menosprezá-la, quando, afinal, se trata simplesmente de cultivá-la, de fornecer-lhe as condições para manter-se aberta.

A primavera é o período em que floresce a humildade... em que o homem se torna verdejante. Mestre Eckhart dizia: "O homem humilde se torna verdejante". Esse é o homem que está aberto ao que o Céu lhe oferece.

No entanto, será que algumas pessoas não interpretam a humildade como uma fraqueza?

Para Nietzsche, efetivamente, a humildade pode ser covardia, abdicação, fraqueza... mas, nesse caso, trata-se da falsa humildade porque a humildade nobre é a verdade!

Ser humilde é aceitar-se como argila e, também, como luz. "Tu és pó e ao pó hás de voltar"; mas tu és luz e hás de voltar à Luz!

Você tem razão de insistir nesse aspecto porque frequentemente se pensa que ser humilde é unicamente aceitar os próprios limites. Essa dimensão existe, mas ser humilde não é somente aceitar tais limites; é igualmente aceitar as próprias qualidades, aceitar a própria inteligência, a própria beleza. É aceitar a própria grandeza, a própria nobreza.

Algumas vezes, falta-nos humildade... É necessário ter muita humildade para aceitar, por exemplo, a própria genialidade! Aceitar a genialidade... aceitando que isso não esteja ocorrendo em razão da vontade pessoal!

De fato, ser humilde é aceitar suas próprias qualidades e defeitos; ser humilde é aceitar aquilo que se é.

Estou pensando em uma história ocorrida com Teresa d'Ávila. Uma das freiras de sua comunidade dizia-lhe: "Eu não valho nada..." Tratava-se de uma espécie de abdicação, de menosprezo por si mesma. As outras religiosas julgavam que essa mulher era realmente humilde, mas Teresa respondeu-lhe: "No fundo, você é orgulhosa, muito orgulhosa!"

Quando alguém exagera, seja por excesso, seja por escassez, está sempre em uma situação de mentira ou de ilusão; enquanto, uma vez mais, a humildade é a verdade, é ser o que se é.

No entanto, isso é a coisa mais difícil de aceitar. Quando Jesus diz: "Aprendam de mim que sou manso e humilde de coração" é como se Ele estivesse afirmando: "Aprendam de mim que sou homem, mas aprendam também de mim que sou Deus..."

Tanto na humildade quanto na modéstia haveria, portanto, essa mesma noção de medida?

Exatamente, com a seguinte diferença: a modéstia tem a ver unicamente com a educação. Ser modesto é ser bem-educado.

Será que se pode dizer que a modéstia é uma humildade externa, uma atitude em relação aos outros, enquanto a humildade é um estado puramente interior, algo que tem a ver com a própria pessoa e com Deus?

Com certeza. A humildade é ontológica. "Aprendam de mim que sou homem e aprendam de mim que sou Deus" é uma forma de ter a humildade de reconhecer sua divindade, assim como a humildade de reconhecer sua humanidade; que o Infinito possa manifestar-se dentro de limites.

Em resumo, humildade é aceitar os próprios limites e aceitar o Infinito que está nesses limites; por sua vez, a modéstia é somente ser bem-educado, do mesmo modo que o orgulho é simplesmente estupidez! Os anjos são muito mais humildes do que os homens porque eles são muito mais inteligentes. Quanto mais inteligente for um homem, tanto mais humilde será. Com efeito, quanto mais ele sabe o que sabe, maior será sua consciência em relação ao que não sabe!

A humildade seria a força da fraqueza?

É evidente que sim. É a invencibilidade da vulnerabilidade. Trata-se de um paradoxo, mas os orgulhosos são pessoas muito frágeis. Se você der um tapa em um orgulhoso, ele ficará bastante abalado! Pelo contrário, se você der um tapa em um homem humilde, este irá perguntar-lhe o que está acontecendo com você...

A humildade é uma grande força, mas o orgulho é pura estupidez, uma falta de inteligência. A humildade é o contrário do orgulho, é uma libertação da estupidez; e a modéstia é a libertação da vaidade. Humildade-orgulho; modéstia-vaidade.

Quando Lacan dizia: "Essa é a verdade, mas não toda", ele estava sendo bem-educado!

A expressão "bem-educado" pode ser também muito linda...

Ela é magnífica!

Educar ou criar uma criança são duas expressões, muitas vezes, consideradas como sinônimas. Você realmente pensa que a gente educa as crianças?

Ah... se isso fosse verdade! São raras as crianças "bem-educadas". Que simplesmente sejam bem-educadas... Para educá-las é necessário, em primeiro lugar, colocá-las de pé, mantê-las de pé, fornecer-lhes bons pés. Para educá-las bem é necessário que elas tenham os pés bem firmes no chão, que sejam realmente humildes. Nossa tarefa consiste em fornecer-lhes boas raízes, o sentido da argila de que são feitas. Levá-las a ver que podem manter-se de pé. É maravilhoso manter-se de pé! Em seguida, elevar-se, erguer os braços para o céu, elevar o coração, elevar-se incessantemente. Mas, para que se possa elevar-se bem, é necessário estar bem-implantado!

Será que se pode ser humilde tanto diante dos homens quanto diante de Deus?

Ser humilde é ser você mesmo. Há um momento em que podemos ser nós mesmos, tanto diante dos homens quanto diante de Deus; um momento em que já não temos medo de nada. Quando temos o costume de ser nós mesmos diante de nós mesmos e diante de Deus, podemos igualmente ser nós mesmos diante dos outros; mas, com um pouco mais de prudência. Como estávamos dizendo, não nos convém confessar, mostrar nossa fraqueza a uma pessoa que, eventualmente, poderia tirar proveito dessa confissão para afirmar sua força. Não podemos ficar nus senão diante do amor.

No entanto, não é verdade que se encontra instalada na natureza humana, de forma terrificante, essa tendência para tirar proveito da fraqueza do outro, para afirmar a própria força?

Mas essa é a natureza humana transviada, e não a verdadeira. Se você está com alguém que você ama, você não irá tirar proveito de sua fraqueza; pelo contrário, você ama essa fraqueza, você irá cercá-la de cuidados afetuosos.

Mas tal atitude não dependerá do tipo de amor que está em jogo?

Mesmo que se trate de um amor, eu diria, simplesmente humano... Não estamos neste mundo para nos destruirmos, mas para crescermos, elevarmo-nos. Exatamente onde existe fraqueza, onde existe vulnerabilidade, talvez esse seja o lugar mais sagrado, aquele que exige mais respeito. Mas é verdade que alguns tiram proveito dessa situação; uma vez mais, não convém ficarmos nus diante de qualquer um!

Podemos ficar nus diante do amor, mas não diante da vontade de poder. Caso contrário, o outro tirará proveito da nossa fraqueza para nos destruir!

Voltando à questão do orgulho, você não pensa que seja necessário ter orgulho para a sobrevivência, para a evolução do homem?

O homem tem necessidade de amor-próprio, de manifestar sentimentos nobres, e não de ser orgulhoso. O orgulho não é senão estupidez. O orgulhoso julga ser o que não é; em compensação, o magnânimo aceita ser o que é. Uma pessoa que se preza por ser o que é (pela afirmação, pela confirmação do que é) é muito diferente de alguém orgulhoso!

O orgulho não passa de ilusão, é uma falta de inteligência ontológica. É considerar como ser o que não tem ser... Eis a razão por que se fala do pecado do orgulho, no sentido de "estar deslocado". *Hamartia*, "pecado" em grego, significa "passar ao lado do alvo, estar fora de seu eixo". O orgulhoso vive na ilusão: na ilusão em relação a si mesmo! Enquanto o magnânimo se aceita tal como é, confirmando-se a si mesmo.

Mesmo assim, você não acredita que, aceitar-se tal como se é, assemelha-se bastante ao orgulho? Em vez disso, não conviria que cada um de nós se dispusesse a se aceitar tal como haverá de ser...?

Não, porque aceitarmo-nos tal como somos é aceitarmos a dádiva que Deus nos ofertou; é aceitarmos o ser e a forma que

Deus nos concedeu, sabendo que o que somos agora não está acabado. É infinito, não finito: ainda temos de nos tornar o que somos. Mas é necessário aceitarmos o que nos foi dado.

Mas "aceitarmos o que nos foi dado" não é exatamente a mesma coisa... Já não é o Eu que aceita...

É o Eu que aceita o *Self* que é ele próprio; no orgulhoso, ao contrário, é o Eu que está contente com o Eu! Ele está contente com aquilo que não tem consistência!

Você diz que o orgulho é pura estupidez. Não poderíamos dizer o mesmo do medo: o medo do julgamento dos outros, o medo de nossos próprios limites, de nossas próprias fraquezas?

É verdade que o orgulhoso é, muitas vezes, alguém fraco, frágil; ele tenta preencher sua carência com vaidade. É por isso que devemos ter compaixão pelos orgulhosos: na maior parte das vezes, eles são miseráveis. Infelizmente são miseráveis que não se reconhecem como tal; portanto, é muito difícil ajudá-los! Com alguém que reconhece sua fraqueza, sua carência, é possível crescer. Trata-se de devolver-lhe seu amor-próprio, sua dignidade. Pelo contrário, não é possível devolver ao orgulhoso seu amor-próprio, sua dignidade, porque ele julga que já é detentor de tudo isso!

Qual é a diferença que você estabelece entre orgulho e vaidade?

Os verdadeiros orgulhosos são raros, enquanto os vaidosos existem por toda a parte! O vaidoso é alguém inseguro, que tem necessidade de exagerar, de inventar histórias para conferir consistência a seu ego. Mas, se você observar com atenção, vaidosos e orgulhosos são habitados por uma intensa angústia. São angustiados porque não têm a certeza de existir; não aceitaram seu nada, seu não ser. Este não ser no qual o Ser se manifesta.

A humildade é, justamente, aceitar esse nada no qual se manifesta a Luz. É possível que alguém seja bastante humilde... e brioso! É possível ser humilde e digno. O que chama a atenção em um sábio é sua grandeza, assim como sua humildade. Sentimos uma nobreza, uma presença, uma força porque existe uma identificação entre ele e a Vida! É a inteligência criadora, é o próprio Ser. E, aí, não há nenhuma pretensão porque ele conhece os limites e a vaidade de seu Eu...

A palavra *vaidade*, em hebraico, corresponde a "bafo"[3], que figurativamente indica "algo sem consistência, falso". "Vaidade das vaidades, tudo é vaidade..." O homem humilde é aquele que reconhece sua *vaidade* e não a impõe aos outros! Pelo contrário, tanto o orgulhoso quanto o vaidoso têm medo de suas carências, têm medo de seu nada.

Mesmo que o homem deseje verdadeiramente alcançar o equilíbrio humildade-magnanimidade, você não acha que ele vive em um mundo que, por sua vez, cultiva o orgulho, a ambição orgulhosa, ao ponto de transformá-los em um critério de seleção?

Com certeza, o mundo cultiva o orgulho! E é por isso que existe um número crescente de angustiados. O orgulho lisonjeia a ideia que fazemos de nós mesmos, em vez de despertar nossa verdadeira identidade.

Mas, atualmente, se você não for ambicioso, você será um fraco. De que modo sair desse impasse?

Ainda a esse respeito: Ambição de quê? A ambição de nos tornarmos nós próprios é uma bela ambição, inclusive é uma vo-

3 No original, *buée*, literalmente, "vapor de água condensada" [N.T.].

cação. Mas a ambição de virmos a ocupar o primeiro lugar, de dominarmos os outros, eis o que é pura estupidez. Afinal, trata-se da ganância de ter ou da ambição de ser?!

Não será verdade que vivemos em uma sociedade preocupada com o ter...?

Exatamente porque carecemos de ser! E pensamos preencher nossa carência de ser com o ter: possuir diplomas, carros importados, uma boa conta bancária, até mesmo ter muitos amigos...

Será que essa é uma forma de procurarmos ser um, estarmos unidos com o Um, empanturrando-nos do que é múltiplo?

É, sim. Mas cuidado: o múltiplo, em si mesmo, não é mau. O ter não é mau. Em vez da oposição entre o ser e o ter, conviria opor o ser ao avaro!

O avaro é aquele que se apropria do ter. O ter é bom se o compartilharmos – trata-se de um meio de comunicação, de comunhão. Ter livros, ter inteligência, ter amigos... é algo bom. Mas tornamo-nos avaros de nosso ter. Nesse momento, o ter separa-nos do ser.

Não é o ter, em si mesmo, que é mau, mas sua apropriação. Não devemos opor o ser ao ter porque algumas pessoas servem-se de seu ter para incrementarem seu ser: têm amigos, mas não se apropriam deles. Em compensação, esses amigos permitem que elas incrementem seu ser porque se enriquecem com suas conversas. Algumas têm dinheiro; mas, em vez de se tornarem avaras, esse dinheiro permite-lhes fazer viagens, encontrar outras pessoas ou ajudar os mais desfavorecidos. Nesse caso, o dinheiro é um meio de incrementarem seu ser, de serem generosas.

Pelo contrário, o avaro só consegue diminuir seu ser!

Quer dizer que, por receio de ser desapossado de seu ter, ele se isola dos outros e, por consequência, de si mesmo?

Com certeza, porque ele carece de ser; porque identifica o ser ao seu ter. Trata-se sempre de estupidez, de ilusão.

E, também, de medo...

É evidente que sim. Mas um medo sempre baseado em uma ignorância do ser. Na tradição da Índia, diz-se que a fonte do sofrimento e da infelicidade é a ignorância. Julgo que isso é verdade. Não se trata da ignorância por falta de saber, mas da ignorância do ser que somos. A ignorância de nossa humildade e de nossa grandeza, a ignorância de nossa divindade e a ignorância da forma na qual essa divindade se encarna em nós.

Será que a tradição cristã fala o suficiente de nossa grandeza? Não será que tem tendência a falar, de preferência, de nossos limites, de nossa pequenez?

Isso é verdade. Mas essa não é a verdadeira tradição cristã. Trata-se de uma deformação dessa tradição. Nos grandes textos dos Padres da Igreja esta insistência é incessante: "Cristão! Lembra-te de tua dignidade; lembra-te de que és um outro Cristo". O que foi encarnado pelo Cristo terá de ser encarnado por nós.

O verdadeiro tema da grande teologia dos primeiros séculos é o da divinização: "Deus fez-se homem para que o homem se tornasse Deus". Deus revelou que sua divindade deverá manifestar-se pela nossa humanidade. Trata-se de um apelo à dignidade do homem.

A esse propósito, estou pensando em uma história que constitui uma excelente ilustração do tema. É a história do filho do rei que, certo dia, adoece. Acaba esquecendo que é o filho do rei e torna-se um peru! Tira a roupa e mete-se debaixo da mesa; fica pelado, imita o gluglu do peru e come sementes... Para o rei, é terrificante ver o estado em que se encontra o filho, seu herdeiro, o futuro soberano do reino, que faz gluglu, que se tornou um peru! O rei e a rainha mandam chamar, então, todos os psiquiatras da época – sábios e magos – a fim de salvarem o filho que tinha ficado completamente louco. Os sábios acodem em grande número e tentam curá-lo. No entanto, malogram-se todos os seus esforços! O tempo passa até que aparece outro sábio (aliás, nem tem o aspecto de sábio, mas, sem dúvida, deve sê-lo porque se apresenta como tal...). Para surpresa geral, o homem tira a roupa, mete-se debaixo da mesa e começa a fazer gluglu e a comer sementes. No entanto, o filho do rei, que se transformara em peru, reclama: "Mas o que é isso!? Só faltava essa...! Não vou permitir que você faça como eu! Eu sou um peru... ou você ainda não reparou quem eu sou?" Apesar disso, o sábio responde: "Eu também sou um peru!" E, aos poucos, põem-se a conversar, pelados, debaixo da mesa. Comem sementes, riem-se dos homens, em suma, divertem-se bastante... O tempo passa até que, certo dia, o peru-sábio pede algumas iguarias servidas na mesa do rei. O peru-filho-do-rei põe-se a gritar: "Mas o que é isso?! Não vou permitir que você venha a comer como ELES!?" O outro, com muita calma, responde-lhe: "Não se preocupe, não se preocupe... Não é porque vamos comer como homens que deixaremos de ser perus! Isso não é grave. Podemos comer como eles, mas continuamos sendo perus. Podemos até mesmo brincar de comer como eles...!" Então, ambos começam a servir-se das iguarias da mesa do rei. Passa algum tempo até que, certo dia, o peru-sábio veste bermuda, meias... O peru-filho-do-rei volta a gritar: "Mas o que é que você está fazendo?! Não vou permitir que você venha a vestir-se como ELES!" No entanto, de novo, o sábio procura tranquilizá-lo: "Não tenha medo, não tenha medo... Vamos vestir-nos como eles, mas continuaremos sendo os perus que somos..." A história desenrola-se até que o peru acaba lembrando-se de sua identidade primeira e volta a ser o filho do rei.

Trata-se de uma história simples... Mas é exatamente a história do Cristo! O Cristo é o sábio que se torna o peru conosco, que come sementes semelhantes às que comemos e diz-nos: "Oh... Não é porque você ama, não é porque você se torna Deus, que você deixa de ser um homem! Não tenha medo... não tenha medo... Não é porque você se torna divino que você deixará de ser homem!"

É assim que, aos poucos, o homem volta a encontrar sua dignidade. Ele lembra-se de que é o filho do Rei... De fato, nossa infelicidade é que esquecemos que somos filhos de Deus. Que somos os filhos do Sopro, os filhos do Céu... E o Cristo, aos poucos, nos reeduca. Ele nos diz: "Ama os teus inimigos. Perdoa. Mas não é porque tu perdoas que deixarás de ser homem, não é porque tu és feliz e rezas que deixarás de ser um homem. Não é porque tu te tornas Deus que, por isso, hás de vir a ser menos homem..."

Então o homem teria medo de perder suas fraquezas?

É isso mesmo! Ele tem medo de perder o já conhecido e de abrir-se para o infinito.

Ele teria medo "de ser perfeito"?!

Na realidade, ele é perfeito... mas, na imperfeição! Eis a razão pela qual é tão difícil ser homem. Somos Deus na carne, somos Deus na humanidade. Mas continuamos a agir com um espírito dual: ou uma coisa... ou outra. Ou sou Deus, ou então sou homem. Por sua vez, o Cristo é verdadeiramente Deus e verdadeiramente homem.

Será que Ele é o arquétipo da síntese entre... o céu e a terra?

Exatamente, Ele é o arquétipo da síntese entre a matéria e o espírito, entre Deus e o homem.

Entre a fraqueza e a força?

É evidente!

Mas será que a fraqueza e a força não são mal compreendidas pelo homem?

O que os discípulos não chegaram a compreender foi o seguinte: na cruz, o Cristo encontra-se no ápice do poder... exatamente porque Ele se encontra no auge do amor! Ele mostra, então, que o verdadeiro poder é o amor e que nada é possível contra o amor. Não é possível impedir o Cristo de amar: "Perdoai-lhes porque eles não sabem o que fazem..." Até o último instante, Ele é o mais forte. E Ele é o mais forte, na extrema fraqueza!

Mas isso já não é, então, o que chamamos fraqueza... A palavra não é mais adequada...

Justamente, as palavras deixam de ser adequadas... já não convêm quando entramos na realidade que está para além do binário, nessa realidade paradoxal. Para nós, as palavras são: ou é branco, ou é preto; ou é fraco, ou é forte... Mas, neste ponto, estamos tocando em uma realidade que não é a fraqueza, nem a força...

Portanto, a palavra que nos faz falta não se encontraria entre esses dois termos, mas estaria acima...

Exatamente, acima. A integração não é algo entre esses dois termos, mas a força e a fraqueza em conjunto, portanto, para além...

Será que isso é a transcendência?

Isso mesmo. O terceiro termo que não é a soma dos dois primeiros. Não se trata de uma soma de forças e fraquezas, mas alguma coisa que as integra e que está para além. Ocorre algo semelhante ao símbolo do Tao: o branco permanece branco, o preto permanece preto; existe branco no preto e preto no branco... Mas não há cor cinza!

A força permanece força e a fraqueza permanece fraqueza, mas há uma realidade que as contém; é esse terceiro termo que é interessante.

Esse Deus em nós... Será que se trata de uma divindade pessoal, impessoal ou transpessoal?

É, muitas vezes, um impasse para um grande número de pessoas. Estas procuram a transcendência do lado do impessoal. Superar o ego é, muitas vezes, uma regressão no pré-pessoal. Ficamos submersos no Grande Tudo! Perdemos nossa forma, perdemos isto, perdemos aquilo, mas, de qualquer forma, perdemos! No entanto, não se trata de perdermos nossa forma, mas de abri-la para alguma coisa que a supere, que a integre. Se a dimensão de personalidade já está em nós, trata-se de integrá-la. Há em nós algo de impessoal, há em nós algo de cósmico.

Nesse momento, o Sopro que nos atravessa é impessoal, faz parte do cosmos. Em seguida, esse Sopro assume uma forma pessoal: ele toma nosso olhar, nossa maneira de respirar, de ser, de amar, de ter medo etc. Ele assume todas essas formas que, aliás, constituem nossa pessoa.

E, para além do Sopro cósmico que nos habita, da forma particular de pessoa que somos, a maneira como encaramos a vida, o que nos dá nosso próprio rosto, há o que contém tudo isso! Então, estamos no Transpessoal... Mas, nem por isso deixamos de ser a pessoa que somos.

6
Do amor antropófago ao amor *agape*...

Na vida cotidiana, muitas vezes acabamos encontrando o que chamo de "amor antropófago" quando, afinal, nos escritos (principalmente os dos Padres do Deserto), descobrimos outra forma de amor: o *agape*. Parece que, entre as duas modalidades, existe um abismo. Será que é possível transpor esse abismo? No caso afirmativo, de que maneira?

O problema é que, em francês, temos apenas uma palavra para falar do amor: o mesmo termo (*aimer*) serve para exprimir nosso amor a uma mulher, a Deus, às framboesas, a nosso cavalo, a nosso cão... Em compensação, no grego, a primeira palavra para falar do amor é o termo *porneia* que se refere ao amor do bebê por sua mãe – isso quer dizer que ele a come! Ele gosta de seu leite, de seu calor, ou seja, do objeto materno. Para uma criança, é magnífico amar desta forma... E só vendo como uma criança pode ser glutona! Mas é pena que a mesma atitude possa ser tomada por um homem de cinquenta anos... quando sentimos que se trata de um bebezão que nos devora. Nesse caso, estamos diante de um amor que não evoluiu. Ainda existem enormes bebês com quarenta, cinquenta, sessenta anos que não terminaram de mamar, de comer, de consumir o mundo, de consumir os outros, de consumir o corpo!

Após a *porneia*, existe *eros*: eis uma lindíssima palavra! Lembremo-nos de que, entre os gregos, é um deus. E nós transformamos esse deus criança e brincalhão em um "velho porco"! É lamentável porque esse deus tinha asas... É ele quem vai dar asas à *porneia*, aquele que vai introduzir inteligência na pulsão.

Quem irá educar o amor do bebê?

Sim, trata-se realmente de educá-lo, de despertá-lo. *Eros* é o amor do inferior em relação ao superior, o amor da beleza. Eis o que podemos encontrar em Platão: "O amor pelos lindos corpos desperta o amor pelas belas almas". Mas somente se houver *eros*! Com efeito, se o amor pelos corpos não despertar o amor pelas almas, ainda estaremos na *porneia*, no domínio do consumo.

No entanto, pelo *eros*, de repente, no abraço íntimo dos corpos, na atração, na pulsão, surge também o amor pelo outro, pela sua beleza, amor que não podemos possuir/ter... que não podemos consumir. Nesse caso, nosso amor toma asas: é a dimensão erótica total. O amor torna-se inteligente; não somos apenas animais... somos também anjos. Mas continuamos a ser, mesmo assim, animais! E, nesse aspecto, surgem as dificuldades! É aqui, creio eu, que os cristãos nem sempre têm sido bem-sucedidos... Eles não têm sido bem-sucedidos em fazer a síntese entre a *porneia* e o *agape*... entre o animal e o anjo, ambos presentes neles. Eles baseiam-se em uma antropologia incompleta.

Em seguida, após o *eros*, temos a *philia* (-filia).

Ainda uma belíssima palavra que pode ser encontrada na composição do termo *filosofia*. *Philia*, *phileo* significa "eu te amo com amizade". Já não é o amor do inferior pelo superior, nem o amor daquele que está carente direcionado para aquele que tem (lembremo-nos de que *Eros* é filho de Pobreza – a carência – e de Habilidade). *Eros* está, ao mesmo tempo, repleto de malícia e repleto de carência. O amor erótico é bastante sutil, muito malicioso, travesso. Trata-se de um traquinas... mas, ao mesmo tempo, há uma carência. Por sua vez, a *philia* é amar o outro enquanto outro. Trata-se de um amor de intercâmbio: eu te dou e eu recebo, compartilho o que eu sou e recebo o que tu és. É o amor humano propriamente dito. Raros são os seres humanos que conseguem amar-se dessa forma!

Quando alcançamos o patamar do *eros, já* é bom demais... No entanto, a *philia*, o amor pelo outro enquanto outro, amar nosso amigo... é algo belíssimo, é a verdadeira troca porque o outro é um outro eu mesmo.

Será que nesse amor deixa de existir carência?

Sim e não. Existe partilha, intercâmbio. É o amor dos egos, em que cada qual torna-se o apoio do outro, ajudando-o a avançar para o melhor de si mesmo, revelando-lhe o que ele tem de melhor.

Agora, para além da *philia*, existe o *agape*.

No vocabulário grego, *agape* é uma palavra nova. Foi o cristianismo que criou as condições de surgimento desse termo. Uma nova palavra surge sempre que ocorre uma nova experiência. Aqui trata-se da experiência do amor gratuito, do amor em troca de nada!

Quando tenho amizade por meu amigo, espero, no mínimo, que ele me escute e me retribua a dádiva que lhe faço. Por sua vez, o *agape* é um amor puramente gratuito! É sobrenatural... Tal amor não é deste mundo. Para um psicanalista, não existe *agape*. Para ele, no nível mais elevado, existe apenas intercâmbio e, mesmo assim, frequentemente, ele chega a duvidar dessa troca... Ele pensa que somente o amor de desejo poderá existir. O *agape* é impossível porque é a própria gratuidade!

Às vezes, apresento o exemplo do amor da mãe pelo filho. Mas, finalmente, não estou plenamente certo disso... A mãe manifesta tal expectativa em ser amada... Produzimos "objetos amantes". Exigimos de nosso filho o amor de que sentimos falta.

Por sua vez, o *agape* é verdadeiramente um amor divino. O sinal para sabermos se estamos vivos consiste em amarmos nossos inimigos! Sermos capazes de amar aqueles que não nos amam, de amar aqueles que nos menosprezam. Assim, alcançamos uma realidade que não é deste mundo, alcançamos o divino presente em nós.

Nesse instante, já não é o homem que ama, mas Deus? Deus que ama através do homem. Não se trata de um ato muito passivo?

É abrirmo-nos para essa capacidade que está em nós, amarmos o que não nos agrada.

Com certeza, mas nós não fazemos nada! Não somos nós que amamos, mas quem ama é o Ser divino presente em nós. Não é o Eu...?

Sim, é o Eu que se abre para o *Self*. É o Eu, mas esse Eu continua tendo a liberdade de se abrir ou não para esse amor.

Assim, o Eu abre a porta para o *Self*, a fim de que este possa amar?

Exatamente. Podemos abrir nossas janelas para a luz, mas não somos o sol. Seja como for, somos nós que abrimos as janelas do Eu.

O derradeiro ato do Eu será, portanto, permitir a passagem?

Com certeza, abrirmo-nos para Aquele que É, para Aquele que ama em nós. Ora, o Eu é incapaz desse amor porque não consegue amar seus inimigos. Eis a razão pela qual, certo dia, ao perguntar a um *staretz*[4]: "Como é que posso saber se Deus está em mim? Como posso saber se o Espírito Santo está em mim? Qual é o sinal?", ele respondeu-me: "Quando amas teus inimigos porque, realmente, não poderás comportar-te dessa forma por tua própria iniciativa. Em compensação, poderás abrir-te para essa nova capacidade que, aliás, irá causar-te surpresa porque não amamos aqueles que não nos amam... e isso é normal! O mais natural é amarmos aqueles que nos amam".

Amarmos aqueles que nos amam é, até mesmo, fácil...

Repare que não é assim tão fácil...

Mesmo assim, é mais fácil amarmos aqueles que nos amam do que amarmos aqueles que não nos amam?!

Se amássemos verdadeiramente aqueles que nos amam, isso já seria bom demais! É necessário começarmos por aí. Temos de começar por amar nossos amigos. E, antes de querermos amar nossos inimigos, convém deixarmos de ter essa *vontade*. Posso querer amar meus amigos, trata-se de um ato de vontade; mas querer amar meus inimigos é impossível. Pelo contrário, em vez de odiá-los, que é uma reação normal (olho por olho, dente por dente; você me odeia, eu odeio você...), posso abrir-me para uma novidade: a novidade de amar como o Cristo amou.

Quando o Cristo diz: "Amai-vos como eu vou amei...", se observarmos o texto, verificamos que a palavra utilizada não é *eros*, nem *phileo*, mas *agape*!

Agapétè Allelous...: "Eu lhes dou um novo exercício". A palavra mandamento é *mitsvah*: um exercício. "Se vocês querem seguir-me", diz-nos o Cristo, "tudo bem... eu lhes dou um exercí-

---

4 Na tradição das igrejas ortodoxas, staretz significa "pai espiritual", aquele que é guiado pelo Espírito Santo. Vive, geralmente, em mosteiros e sente-se responsável por seus filhos espirituais até para além do túmulo. (Cf. SCHLESINGER, H. & PORTO, H. Dicionário Enciclopédico das Religiões. Vol. II. Petrópolis: Vozes, 1985.) [N.T.].

cio: exercitem-se em praticar o *agape*, exercitem-se em fazer coisas gratuitamente; exercitem-se em amar por nada; e, em seguida, em amar aqueles que não os amam. Vocês hão de ver até onde isso irá conduzi-los... tal exercício irá conduzi-los até Deus!"

Antes de tentarmos amar nossos inimigos, talvez pudéssemos começar pela via do não agir... ou seja, será que, no mínimo, teremos de evitar detestá-los, deixar-lhes a liberdade de nos odiar?

Sim. É a política da não nocividade. Eles têm o direito de nos considerar chatos! Eles têm o direito de não gostar de nós. Mas, para que possamos reconhecer-lhes tal direito, temos de ser razoavelmente maduros. Com efeito, o bebê que exige afeição, que demanda obstinadamente ser amado, nesse momento não está nada contente...! Todavia, se tivermos tal maturidade, poderemos então conhecer o que é um amor sem complacência.

Aquilo a que damos o nome de amor, em geral não passa de complacência. Amamos para sermos amados!

Será que se trata do desejo de reconhecimento?

Exatamente. Amamos para conseguir o reconhecimento ou, simplesmente, para que o outro não nos faça sofrer. Mas tal atitude nada tem a ver com o amor: trata-se verdadeiramente de complacência. No entanto, uma vez mais, isso não é repreensível; trata-se de uma etapa de nossa evolução, um lugar de passagem...

Como eu lhe dizia, a *porneia* é algo belíssimo. Uma criança tem necessidade de se alimentar; caso contrário, ela não irá crescer. Dito isso, seria pena se ela permanecesse na *porneia* durante toda a vida porque, desse modo, iria passar ao lado do amor, do *eros*, da amizade, iria passar ao lado do *agape*.

Eros é, igualmente, magnífico. Não será magnífico sentir que temos asas no corpo? Nesse caso, em vez de serem garras, nossas mãos quase se assemelham a asas. O prazer torna-se muito mais intenso do que no simples consumo que é a *porneia*.

Em seguida, se esse desejo se inscrever no âmago de uma amizade, na *philia*, que prazer! Estão aí não somente dois corpos que se tocam, mas duas almas que se enlaçam em encontro íntimo. Nietzsche dizia: "No verdadeiro amor, são as almas que envolvem os corpos". É o que sentimos, profundamente, na amizade entre duas pessoas, na amizade amorosa, erótica: além do enlaçamento íntimo dos corpos, existe um enlaçamento das almas. Podemos, inclusive, avançar ainda mais... estaremos assim no amor divino em que não são simplesmente as almas que se enlaçam, mas os próprios deuses! É o divino que encontra o divino no outro... Nesse momento, nada sentimos! E isso que é difícil... Na situação de *porneia*, sentimos alguma coisa: uma descarga, uma pulsão. No patamar do *eros*, é ainda melhor: trata-se do prazer, e o gozo é mais sutil. Na vivência da *philia*, é quase sublime: às vezes, atingimos o sublime. Mas o que será que ocorre no *agape*...?!

Parece-me que somos chamados a essa divinização. Impregnarmos de *agape* a criança que está em nós, que deseja consumir o outro. Deixarmos de ter medo da pulsão; e, em vez disso, impregnarmo-nos de *agape*. Impregnarmos de *agape* o *eros*, a *philia*... E, desse modo, conhecermos o amor gratuito!

É uma bênção, nós bendizemos a Deus. Nós o acolhemos em nosso abraço íntimo, nós o acolhemos no dom que Ele nos faz de nos amar. Nesse instante, recebemos o amor do outro como um dom que Deus nos faz para amá-lo. Amamos o outro com o amor que Deus nos dá para amá-lo...

Eis o que é Divino!

[Silêncio...]

Mas... como é difícil conseguir a integração da criança em nós que come, consome, com aquela que dá, que não conserva nada para si!

Estou pensando em uma pessoa apaixonada como Teresa d'Ávila. Em algumas de suas confidências, ela diz que, em seus momentos de êxtase, "molhava sua calcinha"!

Bem, tal afirmação pode chocar... mas é a evocação de que o Ser que ela amava, não era amado de uma forma abstrata, mas com todo o seu ser. O aspecto *porneia* era também contemplado, respeitado. Deus a fazia gozar nesse plano de seu ser. Ela sentia prazer também em sua alma, em seu psiquismo. Deus não excitava somente seu *nous*, sua inteligência...

Em compensação, na vivência de Máximo o Confessor, sentimos que suas ereções são muito cerebrais! Mas é possível ser pornógrafo na mente...

Seria necessário dizer as coisas com maior clareza! O *agape* é o que irá permitir uma espécie de descontração... seja no corpo, seja no coração, seja na mente. Há pessoas que pretendem "compreender" Deus, apreendê-lo, possuí-lo. Isso não passa de magia...

Há pornógrafos no plano do coração: eles pretendem "ter" emoções, sentimentos. Existe uma certa forma de romantismo pornográfico: é a pornografia do coração! Procedemos a encenações emotivas, afetivas etc. Mas, nesse caso, também limitam-nos a consumir, acabamos por constituir um haver!

Impregnar de *agape* tudo isso é justamente permitir que alguma coisa venha a descontrair-se no corpo (e isso é melhor que reter o fôlego!); permitir que alguma coisa venha a descontrair-se no coração (e isso é melhor que o amor romântico); permitir que alguma coisa venha a descontrair-se na mente (e isso é melhor que o saber!).

Você não tem a impressão de que corre o risco de causar um grande choque com uma teoria como essa?

É possível. Mas estou falando do que vivo e penso! Para mim, há intelectuais que fazem pornografia! Há uma forma de ser cientista que é pornógrafa...

De fato, o que estou afirmando é a experiência da castidade. Ora, a castidade consiste em fazer amor com uma mulher sem pretender "tomá-la", sem possuí-la, sem consumi-la... e respeitando-a em seu corpo, em todo o seu ser... E isso não é fácil!

Tal atitude exige muita escuta, ao mesmo tempo, do outro e de nós mesmos. Porque trata-se também de sermos castos com nós mesmos, de respeitarmos nosso desejo ou não desejo, de não mentirmos para nós mesmos, nem para o outro. A castidade do coração consiste em evitarmos fazer chantagem, em não manipularmos o outro, em amá-lo mesmo que ele(a) não nos ame. Existem maneiras de amar muito afetivas, muito generosas, que dissimulam uma voracidade dificilmente aceitável! No entanto, a pessoa acredita que, verdadeiramente, é muito generosa: "Eu lhe dei tudo! Dei-lhe minha vida, meu corpo, meu coração!" Mas, na realidade, o que é que eu lhe dei? Dei-lhe algo que ele não chegou a receber, algo que ele não desejava...

Você conhece a história daquela pessoa que gostava muito de seu coelho? Todos os dias, ela lhe preparava uma magnífica bisteca e lhe oferecia essa carne no ponto! Mas o coelho não comia nada... Em seguida, aquela mesma pessoa teve um leão. Era o seu leão querido, adorado; portanto, preparava-lhe as melhores sopas de legumes, oferecia-lhe os melhores frutos de seu pomar. Todos os dias, o seu animal de estimação era presenteado com uma grande cesta de legumes frescos! Ela lhe dera tudo... Mas o leão não comia nada!

Eis uma história idiota, mas em nossa vida é isso o que ocorre!

Será esse o exemplo típico do mal-entendido?

Ah... sim. Mas nossos amores não ficam por aí. Temos a impressão de oferecer muita coisa ao outro e, finalmente, não lhe damos nada.

De fato, acabamos por lhe dar o que gostaríamos de receber... Essa não será uma concepção muito egocêntrica sobre a felicidade do outro?

Exatamente. O que chamamos bem para nós, acabamos por considerá-lo, igualmente, como bem para o outro; além disso, queremos impor-lhe nosso bem! Existe um grande número de pessoas que acreditam fazer dádivas com grande amor. Elas são sinceras, mas nada deram porque isso não era o que o outro poderia comer, receber, digerir! "Eu lhe dei o que eu tinha de melhor..." Sim, mas o que é melhor para você, nem sempre é o melhor para mim.

Não é suficiente amar.

O amor sem a inteligência torna-nos infelizes.

7
O místico e o idólatra

Vivemos ainda em uma sociedade muito idólatra. Por quê?

O problema é que – também nesse aspecto – pretendemos possuir/ter Deus. No entanto, o que temos não é Deus, mas uma ideia, uma representação, uma imagem de Deus! E isso é o Deus que temos, não o Deus que somos. Todos nós sabemos do seguinte: em nome desse Deus que temos é que declaramos guerra, que nos destruímos.

Se pelo menos conhecêssemos o Deus que somos... O verdadeiro caminho espiritual, iniciático, consiste em passar da verdade que se tem para a Verdade que se é. Passar do Deus que se tem para o Deus que se é. Trata-se de um longo caminho...

Mestre Eckhart estabelece a distinção nítida entre Deus e a Deidade. Ele afirma que o Deus criador é uma concepção da criatura: ao refletir sobre si mesma, sobre a causa de sua existência, a criatura cria essa noção de criador. Portanto, Deus é perfeitamente uma criação do espírito humano que reflete sobre a causa da existência do mundo e de sua própria existência. De fato, enquanto criador, Deus é uma criatura... de si mesmo, quase que poderíamos fazer tal afirmação!

Eis, portanto, "o Deus que temos" e que poderá tornar-se um ídolo quando pretendemos impô-lo aos outros. Em seguida, há a deidade, a respeito da qual nada podemos dizer porque é a Consciência pura, é a Consciência que nem sequer tem consciência de si mesma. A experiência mística é esse momento em que perdemos esse Deus que temos. Perdemos nosso ídolo! Nesses momentos, temos a impressão de perder a fé; no entanto, em vez da fé, o que perdemos é a crença.

Quando são João da Cruz fala da "noite do espírito", exprime esse momento em que ele justamente deixa de ter uma imagem, uma representação de Deus... esse momento em que ele penetra em um deserto. Ele perde sua maneira de apreender Deus. Penetrando, então, no próprio Ser, ele deixa de ver qualquer objeto exterior a si mesmo e já não sabe onde é que está.

Para nos servirmos de uma imagem utilizada no campo da física, diríamos que se trata da experiência do "buraco negro", exatamente onde galáxias, estrelas, são reabsorvidas. Havia alguma coisa e, de repente... nada mais! Não há mais nada porque tudo o que existia passou para outra frequência, para outro mundo. Pois bem! Na nossa vida existem momentos como aqueles em que o que existia – essa galáxia de estrelas, essas representações luminosas, maravilhosas de Deus – de repente desaparece! Isso é reabsorvido... Não existe mais nada! E esse instante em que não há mais nada não é o instante em que perdemos Deus, mas o instante em que nos tornamos Deus. É o momento em que estamos mais próximos dele – tão próximos... que acabamos sendo Ele! Tão próximos que, portanto, já não o podemos ver...

Continuando a citar Mestre Eckhart, este dizia: "O fogo não queima o fogo..."

Enquanto eu sentir que estou queimando, enquanto eu sofrer, enquanto eu vir alguma coisa, enquanto isso brilhar, esquentar, eu ainda não sou o fogo. Da mesma forma, enquanto eu falar de Deus, enquanto eu tiver uma representação de Deus, enquanto eu amar a Deus... ainda não sou Deus. Mas, quando sou Deus, já não sinto mais nada. Quando eu sou a chama, não sinto a chama.

O Cristo veio para ajudar o homem a tornar-se Deus, para mostrar-lhe o Caminho, a Vida, a Verdade... Será que o homem nada compreendeu dessa mensagem? Em vez de seguir seu exemplo, será que o homem apressou-se em transformá-lo em outro ídolo?

Com certeza. São raros os crentes, enquanto o número de idólatras é elevadíssimo. O Cristo foi transformado em ídolo. Mas, tudo bem... uma vez mais, até mesmo os ídolos são uma etapa da evolução.

O ídolo seria, nesse caso, necessário?

Com certeza, enquanto a criança tiver necessidade de uma imagem que, para ela, seja uma representação do invisível.

Como será possível ajudar o homem a abandonar seu(s) ídolo(s)? Como ajudá-lo a passar para outra etapa?

Convém ajudá-lo a passar do ídolo para o ícone. O ídolo enche por completo o olhar, encobre totalmente os olhos. Os idólatras gostam de ter sua visão completamente ocupada. É isso o que se passa, igualmente, no plano científico.

Existe uma idolatria científica. Nesse caso, a inteligência é obstruída pelo que ela sabe. Acreditamos que aquilo que sabemos é a realidade. Acreditamos que nossa representação de Deus... seja Deus! A fé também é obstruída pelo que acreditamos. As verdadeiras perguntas são as seguintes: Como evitar que nossa inteligência seja obstruída pelo que ela sabe? E como evitar que a fé seja obstruída pelo que ela acredita? Como viver um amor que não seja obstruído pelo que ele ama?

Em vez de encobrir o olhar, o ícone abre-o para o invisível. Através do visível, o ícone mostra o invisível.

A janela, a porta, estão abertas para o jardim...

No entanto, acontece que nossas ideias de Deus, nossa maneira de falar de Deus, nossa maneira de impô-lo aos outros, fecham a porta para o jardim. Então, eu diria que tomamos a forma pelo objetivo. Jesus é explícito a esse respeito quando Ele afirma: "Quem crê em mim, não é em mim que crê, mas naquele que me enviou..."

O próprio Cristo apresenta-se como a janela, como a porta, que dão acesso ao jardim, como o caminho que conduz ao Pai. Ele dirá também: "É bom para vós que eu vá embora. Com efeito, se eu não for, vós acabareis por me transformar em um ídolo". E, assim, Ele vai embora... Nessa falta que Ele deixa, o desejo do homem irá finalmente poder fazer seu caminho e avançar para a realidade que o Cristo é...

Você não pensa que seja bastante difícil abstermo-nos de imagens, tanto mais que temos consciência de que elas fazem parte de nosso cotidiano?

Não se trata de abstermo-nos de imagens, não se trata de abstermo-nos de palavras (no plano dos conceitos, imagens e palavras são a mesma coisa), mas trata-se de colocá-las em seu lugar.

Que significa a palavra *ícone*?

Em grego, *ícone* significa, efetivamente, "imagem". Mas, trata-se de uma imagem aberta! Um conhecimento aberto! Por exemplo, é a mesma diferença que podemos estabelecer entre o cientificista e o cientista: o cientificista tem a inteligência obstruída pelo que ele sabe, enquanto o cientista conserva a inteligência aberta a partir do que ele sabe.

Será que, no ícone, existe uma noção de transparência que permita ir além da imagem?

De fato, enquanto o ídolo é uma imagem sem transparência, o ícone é uma janela. O que é observado já não é a janela, mas a paisagem para a qual essa janela está aberta. A porta dá acesso ao jardim... Quando olhamos para o Cristo, através dele estamos olhando para o Pai. No entanto, podemos fixar nosso olhar na moldura da janela, eis a razão pela qual Ele acrescenta: "É bom para vós que eu vá embora". Mas... não é possível olhar para o céu a não ser pela janela que se abriu para nós.

Em um primeiro momento, é necessário, portanto, olhar para a janela; em seguida, abri-la e, talvez, até mesmo abrir as persianas!

Igualmente, no encontro do amor de Deus, quando nos damos conta de que é Deus que amamos, de que estamos à procura de Deus, é necessário, talvez, em primeiro lugar, que haja uma janela humana. Mas é verdade que essa janela humana pode fechar suas persianas e impedir-nos de ver além de si mesma. Nesse momento, ficamos fechados em casa, confinados no espaço-tempo.

Gosto muito do trecho em que Lévinas afirma: "Deus emerge em nossa mente através do rosto humano". Há algo de diferente que é transmitido pelo rosto humano. Existe alguma coisa, além da matéria, além da forma, que é comunicada pelo olhar de um ser humano. E onde estará esse ponto inacessível em que se encontram os olhares? De onde vem esse olhar?

Será desse olhar, dessa profundidade inacessível, que o homem procura se apoderar no homem?

Com certeza, ele gostaria de "apoderar-se" disso. O homem é como Prometeu: um ladrão de centelhas. Ele gostaria de tomar essa centelha, apoderar-se dela! Ora, não podemos apoderar-nos dessa centelha, não podemos tomá-la. O amor... não podemos "tomá-lo"! Tudo o que podemos é recebê-lo e oferecê-lo. No próprio momento em que pretendemos tomá-lo, acabamos perdendo-o. No momento exato em que pretendo "capturar" alguém, apoderar-me de uma pessoa, acabo perdendo-a. No momento em que pretendo apoderar-me dessa centelha e guardá-la, dizendo para mim mesmo: “Pronto, consegui apanhá-la... Agora conheço o segredo, o segredo do amor, já sei o que é!”, nesse instante eu o perco!

Isso é quase alquímico... o segredo da pedra filosofal...

Exatamente, é o segredo que nos faz lembrar que não há possibilidade de ter o segredo; o único segredo é ser.

Em um de seus livros, você afirma: "Deus não é um problema que tenha de ser resolvido, mas um Mistério que deve ser celebrado". Mas... e o homem? Não será que ele busca incansavelmente compreender o Mistério? E, finalmente, será que é possível compreender esse Mistério?

Não, porque nesse caso deixaria de ser um Mistério.

Então convirá simplesmente amar o Mistério... mas será que é possível amar sem compreender?

Trata-se de tornar-se inteligente ao procurar compreender. Saber que o que se procura compreender é incompreensível. Mas, ao procurarmos compreender o incompreensível, tornamo-nos inteligentes. Algo semelhante acontece quando se abre uma janela: gostaríamos de ver a luz do dia! Mas não se consegue enxergar a luz do dia porque é justamente essa luz que permite ver! Todavia, procurar ver a luz do dia é uma forma de abrir ainda mais os olhos, assim como procurar compreender o Mistério é, aos poucos, ampliar cada vez mais o olhar.

Pretender compreender o incompreensível... isso não leva à loucura? Não é arriscado?

Existe, aí também, um risco de idolatria. Chesterton diz que o louco é alguém que perdeu tudo, salvo a razão! Trata-se de uma belíssima definição da loucura. O louco é, efetivamente, alguém que vive confinado em sua lógica, em suas explicações, em seu mundo. E considera a realidade do modo como explica e compreende o mundo. Está confinado em sua lógica. Pelo contrário, a saúde consiste em saber que não conhecemos o incompreensível, que nosso conhecimento não esgota, de modo algum, toda a realidade.

Neste momento, deixamos de saber o que conhecemos... mas isso não tem importância. Eu sei perfeitamente que o que estou dizendo a respeito de Deus nada tem a ver com Deus... é como o dedo que aponta para a lua...

Não convém deter-se no dedo...

Sim... Mas, ao mesmo tempo, o dedo é útil. É como se estivéssemos passeando com uma criança e lhe disséssemos: "Repare, repare nos pessegueiros floridos, repare nos patos... Você viu, viu mesmo?" A utilização de uma expressão como "Você viu?", essa é a função própria das palavras, é o papel da inteligência, da compreensão. Nesta fórmula "Você viu?" não sabemos o que está sendo visto, não é possível ver tudo...

Mas é verdade que, ao apontar-se a lua com o dedo, os tolos olham para o dedo. É como falar de Deus e nada mais considerar além da palavra *Deus*: limitar-se a isso!

Será isso uma forma de confundir o caminho com o objetivo?

Sim, é confundir o fim com os meios. A pergunta é: Qual é a finalidade do ser humano? O que estamos fazendo neste mundo?

Hoje estabelece-se uma diferença entre um profeta e um esquizofrênico... Qual é essa diferença?

Para isso, vou recorrer à definição de Laing entre o místico e o esquizofrênico: "Ambos estão nadando nas mesmas águas, mas exatamente onde um continua a nadar, o outro afoga-se".

O esquizofrênico está submerso em suas impressões, identifica-se com o que vê. Por sua vez, o profeta enxerga o que está vendo, beneficia-se dessa visão; mas dentro de si tem, igualmente, alguma coisa de diferente... O olhar permanece mais amplo. Não sei bem como me expressar... Por exemplo, neste momento eu estou olhando para você, vejo-a perfeitamente, mas, ao mesmo tempo, estou olhando a sala que está à nossa volta. Se eu fosse esquizofrênico, eu deixaria de ver a sala e estaria completamente submerso no que estou vendo.

Será que o esquizofrênico tem um olhar limitado?

Sim. E, mais do que limitado, eu diria "identificado". É dramático ver alguém nessa situação, completamente submerso nas imagens que estão em sua mente; estas ocupam totalmente o lugar da realidade. O esquizofrênico não vê ninguém, enquanto o profeta vê as coisas tais como elas são, sem identificações, sem projeções; ele não está confinado.

Às vezes, é verdade que alguns grandes médiuns podem ficar submersos pelas imagens, pelas visões que os habitam. É necessário um incrível equilíbrio! Eis a razão pela qual a ascese é tão importante: ela é justamente o que nos permite suportar determinados estados de consciência não comuns, sem sermos completamente arrastados por eles.

Separados do mundo?

Sim. E, quando somos visitados pelo transpessoal, por esses estados de consciência de outra natureza, se não tivermos um bom equilíbrio, ficaremos totalmente submersos. Nos hospitais psiquiátricos encontramos pessoas com manifestações do que é designado por "crises delirantes". De fato, elas atingiram aspectos de seu ser sem estarem preparadas para isso. O mesmo aconteceria com um vaso que recebesse, de uma só vez, o conteúdo de uma torrente: ele estouraria!

A verdadeira ascese, o verdadeiro trabalho interior, tem justamente como finalidade fortalecer o "vaso" a fim de permitir que este suporte a intensidade de alguns estados de consciência.

Será que se trata de fortalecer o vaso ou saber limitar o fluxo da água que está chegando?

É possível a ocorrência dessas duas eventualidades; mas nem sempre podemos prever. Por exemplo, na meditação, insiste-se sobre a importância da postura: manter uma postura bem firme a fim de que, ao entrar na espiral da vacuidade (que provoca uma violenta vertigem), a postura de quem medita esteja bem implantada no solo. O vaso "lembra-se", então, do espaço que está nele, que este espaço interior é aquele que enche todo o universo. Assim o vaso mantém-se sólido, bem assentado no chão; portanto, não irá estourar por essa apreensão do espaço.

Ele pode continuar a ser útil como simples vaso...

É isso mesmo! É possível que alguém possa ser profeta e continuar sua vida humana. Estou pensando em um grande sábio como Ramana Maharshi que viveu essa experiência do Infinito, do puro "Eu Sou" para além de todas as formas; ao mesmo tempo, ele continuava descascando batatas... A experiência estava integrada!

Com efeito, a verdadeira questão é a seguinte: Como integrar o Infinito no finito?

Como integrar o Divino no humano?

Exatamente. Como integrar o Divino no humano... sem destruir o humano? Lembremo-nos da bela imagem deste estado de consciência: a sarça ardente... ela estava ardendo, mas não era consumida pelas chamas! Da mesma forma, a chama divina arde em nós, mas não consome nossa humanidade; pelo contrário, ela a ilumina!

Quanto mais divinos nos tornarmos, mais humanos seremos. Nossa parte consiste em trabalhar nossa humanidade.

Outro exemplo: o de Jung quando ele viveu, depois de sua ruptura com Freud, uma descida ao inconsciente e, em seguida, uma verdadeira subida ao mundo arquetípico das grandes imagens que o habitavam. Então ele afirma: "Felizmente eu estava muito ocupado em trabalhos de alvenaria! Felizmente eu tinha mulher e filhos..." Ou seja, felizmente ele tinha um princípio de realidade, coisas bem cotidianas para fazer; caso contrário, ele teria sido arrastado por esse estado de consciência. "Caso contrário, eu teria enlouquecido", dizia ele, "como um certo número de meus pacientes. O poder dos arquétipos, das imagens que nos visitam, acabam por nos submergir completamente!"

Eis a razão pela qual os místicos são também pessoas muito concretas. Eles comem bem, ocupam-se de jardinagem, preparam suas refeições etc. Algumas vezes, chegam a fazer coisas totalmente físicas, inclusive bastante carnais. Com efeito, eles sabem perfeitamente que, se não tivessem essas ocupações, acabariam por enlouquecer! Estou pensando em São João... no Evangelho de São João. Trata-se do evangelho mais místico e, ao mesmo tempo, mais concreto: indica as horas, os lugares (sentimos perfeitamente que as narrações se desenrolam nesta terra, na Galileia, em determinado momento...) e, ao mesmo tempo, ele fala do *Logos* como "a Águia que Ele é"!

Trata-se de manter os dois pés bem assentados na terra e a cabeça no céu, mas nunca uma coisa em detrimento da outra... não será isso?

Exatamente. Por exemplo, um grande médium é aquele que não tem necessidade de se colocar em transe para ficar em contato com as mensagens interiores. Por sua vez, os pequenos médiuns têm necessidade de chamar a atenção, de manifestar um certo estado nervoso, de criar uma encenação...

O grande médium poderá receber mensagens na conversa... Os assistentes nem chegam a se dar conta disso! É algo integrado. A questão capital é verdadeiramente a integração. Uma vez mais, como conseguir a integração do Divino com o humano, da forma acolhedora com o sem-forma, do Infinito com o finito, da chama com a sarça espinhosa de nossa humanidade.

Com efeito, voltamos ao ponto do que dizíamos anteriormente em relação ao ter e ao ser. O que você chama de grande médium não se identificaria com o ter, mas, sobretudo, com o ser. Em vez de "ter" recebido uma mensagem a transmitir, o próprio médium "é" mensagem... é isso?

Sim, é isso mesmo. O médium é a mensagem. Ele parece manter sua naturalidade. Pode dizer-nos coisas sublimes em uma conversa à toa, como é costume ocorrer no final de uma refeição. Aliás, em tais circunstâncias... todos nós somos grandes médiuns! Existem momentos em que se produz uma verdadeira descontração, em que se evita ter estados de consciência extraordinários; assim, a Consciência fala por nosso intermédio. Às vezes, encontramos um camponês à beira de uma estrada e, de repente... é ele que tem a mensagem; e ele próprio nem se dá conta disso. Outras vezes, isso pode ocorrer também com um animal. Estou pensando em Filomena, minha cabrinha... em tudo o que ela me disse com seus perfeitos cocozinhos! Toda a metafísica do *samsara*, da *madyamika* e de Mestre Eckhart estava em um cocozinho... mas isso acontecia no momento oportuno. No momento em que eu estava à escuta para receber a mensagem, essa cabrinha foi o médium.

O importante não é o mestre, mas o discípulo. O importante não é quem fala, mas quem está à escuta.

Não são eles indissociáveis?

Exatamente, são indissociáveis porque a palavra falada é o que existe entre uma boca e um ouvido. A palavra não pertence somente a quem fala. Podemos dizer as mais belas coisas do mundo nos ouvidos de um surdo; tudo isso não produzirá grandes efeitos. Em compensação, podemos dizer as coisas mais banais em um ouvido que esteja à escuta; e essa coisa banal assume, então, um sentido de uma grandeza infinita.

Isso me faz pensar em Tagore, que nos aconselhava a ler todos os acontecimentos de nossa vida ou todos os encontros, tudo o que vemos, como uma carta, como uma fala do Bem-Amado. E é verdade que, ao nos colocarmos à escuta da amante, da esposa ou da Bem-Amada, a mais insignificante flor é mensagem, o mais insignificante sopro é beijo. A Presença está presente.

8
O amor e o temor

Em sua obra *Centúrias sobre o amor*, Máximo o Confessor, afirma: "O amor nasce da impassibilidade, a impassibilidade da esperança em Deus, a esperança da paciência e da longanimidade; por sua vez, estas nascem da temperança em tudo, a temperança do temor de Deus e o temor de Deus da fé em Deus".

Em primeiro lugar, o que é para você o "temor de Deus"? Será que se pode amar por temor? E, em segundo lugar, uma fé alienada do temor não poderá estar sujeita a caução?

Em nossas bíblias, está escrito: "Temer a Deus: princípio da sabedoria". Se a tradução tivesse mais respeito pelo texto – um texto que transmite uma experiência –, diríamos: "Estremecer diante de Adonai". Estremecer... diante de alguém. Quando alguém está presente, esbarra em nós, se aproxima de nós, acabamos por sentir um arrepio. Estamos passeando à noite... uma sombra nos segue... sentimos um tremor. E nesse estremecimento, com certeza, há amor e temor. Trata-se da experiência diante do numinoso. Eis o que Rudolph Otto ou Jung chamam de *tremendum* e de *fascinam*. *Tremendum*: terrificante porque estamos diante de outra consciência, de outra realidade. E *fascinam*: que é fascinante.

É algo que exerce a maior atração sobre nós e, ao mesmo tempo, nos provoca mais medo.

A tradução francesa não mereceria uma revisão? A palavra *temor* induz um mal-entendido do qual é difícil livrarmo-nos...

Realmente, a palavra *temor* já perdeu todo o sentido do original. Hoje, temer significa simplesmente ter medo: é exatamente o contrário do estremecimento amoroso! Conservamos uma única vertente da experiência; guardamos o medo!

Guardamos o medo e esquecemos o deslumbramento, é isso?

Sim, esquecemos o deslumbramento; esquecemos o fascínio, a beleza, a atração...

Por quê?

Bem, porque funcionamos à base do sistema binário! Ou é branco, ou preto! Ora, a realidade é branca e preta. Ela compreende dia *e* noite. A realidade provoca em nós medo e nos fascina! Ela leva-nos a gozar *e* nos destrói... ao mesmo tempo!

Mas, admitindo que tivesse sido necessário proceder a uma escolha, por que teria sido conservado o medo e não o deslumbramento?

Nós é que procedemos a tal dissociação. De um lado, foi colocado o medo, a angústia etc. E, um pouco mais tarde, esse lado será chamado de diabo. Deus, enquanto nos mete medo, é chamado de diabo; e Deus, enquanto nos deixa extasiados, é chamado de Deus!

Mas trata-se da mesma realidade que, ao mesmo tempo, nos deixa extasiados e nos crucifica, nos fascina e nos mete medo... Aliás, à semelhança do que se passa com o amor. O amor é o que nos torna mais felizes e, ao mesmo tempo, mais infelizes; o que nos faz o melhor bem e o pior mal.

Mas nós... nós queremos apenas... o Bem; e reservamos nossos lamentos... para o mal! Quando nos lembramos de alguém, nem sempre nos ocorre que esse alguém nos abençoou e crucificou no mesmo momento; nos dilacerou e, ao mesmo tempo, nos proporcionou a maior felicidade. Gostaríamos de uma coisa sem a outra. Gostaríamos de Deus sem a sombra, de Jesus sem Judas, da luz sem a escuridão... Ora, não existe dia sem noite!

Temer a Deus é penetrar na totalidade do Ser, na totalidade do Mistério; para além da dualidade. Eis o princípio da sabedoria: *temer a Deus, princípio da sabedoria; estremecer diante de Adonai, princípio da sabedoria.* Eis uma forma de reconhecermos que, efetivamente, a realidade é paradoxal: ela nos mata e nos faz viver! É a mesma vida que faz florescer as papoulas e conduz crianças ao forno crematório. É a mesma vida... e isso é insuportável! No entanto, poderá alguém afirmar que o que conduz as crianças para o forno não é a vida, mas o diabo, a malvadez, o horror... Mas é a vida! Foram seres vivos, seres humanos, que procederam dessa maneira.

Ao evocar essas crianças conduzidas para uma morte atroz, os homens nem sempre falam forçosamente do diabo, mas poderão dizer: "Por que Deus teria permitido tal crueldade?!"

Por que a vida teria permitido que a pervertêssemos, que fosse feita tal caricatura a seu respeito? Como dizíamos: com a mesma argila é possível fazer um penico ou uma Vênus de Milo. Com a vida podemos fazer uma fogueira para diversão ou podemos provocar um incêndio! É sempre o mesmo fogo, é sempre a mesma vida...

Com o homem, podemos fazer coisas tão lindas! Mas podemos fazer também coisas das mais horríveis, que um animal nunca teria a ousadia de executar. Mas isso não é por culpa da vida. Com a força que tenho em minhas mãos, eu posso ajudar você a carregar suas malas ou aplicar-lhe um soco no rosto! Trata-se da mesma energia; sua aplicação é que é diferente. Deus nada tem a ver com isso; nem a vida...

Você está querendo dizer que, no final das contas, não há bem e mal, mas somente um certo potencial de energia dirigido em um sentido ou em outro?

Sim. Há uma energia que é orientada de maneira construtiva ou destrutiva.

O que você pensa sobre esta frase: "o mal é o bem em formação"?

Trata-se de uma explicação de consolo. Cada qual se consola como pode... Por que não? Faz lembrar um pouco a visão de Teilhard de Chardin que dizia: "Os terremotos devolvem o equilíbrio à evolução do universo..." Outras pessoas dirão que uma boa guerra, de tempos em tempos, reajusta a demografia! Trata-se de uma visão um tanto simplista...

Mas isso é completamente terrificante!

Sim, é horrível. Certo dia, um velho amigo me disse o seguinte: "Se você mata um homem, é criminoso; se você mata dez, é um bom soldado; se mata mil, é um grande comandante de guerra; se mata todos, você é Deus!"

Com a ressalva de que Deus nunca chegou a matá-los a "todos"?

Porque Ele próprio não pode matar-se...

É claro que a vida nos mata, ela não cessa de nos matar; de nos matar para nos fazer renascer. Por que estabelecer sempre uma oposição entre vida e morte? Se relermos o Antigo Testamento, veremos que é Deus quem endurece o coração do faraó, que é Deus quem mata. Deus é o maior criminoso que se possa imaginar; no entanto, é Ele quem cura... quem salva. Ele é o cordeiro e, ao mesmo tempo, o carrasco.

Será que se pode levar o paradoxo ainda mais longe e dizer que Deus ensina o homem a matar para ensiná-lo, em seguida, a salvar?!

É isso mesmo o que diz o Bhagavad-Gita: "Um mata, enquanto o outro é morto; mas há apenas o Um, sem segundo..."

Apenas isso. Essas palavras são extremamente perigosas e podemos utilizá-las para nos desresponsabilizarmos. Nós não somos Deus! É necessário saber que há maior felicidade em fazer viver do que em matar, em destruir. No pensamento hindu, o papel destruidor é atribuído a Kali.

A visão de Deus como criador é Brahma. A visão de Deus como conservador, aquele que mantém o universo na existência, é Vishnu. E a visão de Deus como destruidor é Shiva.

Deus é, ao mesmo tempo, criador, conservador e destruidor. Na Índia são raros os templos dedicados a Brahma, ao criador; ele não é amado, de modo algum, porque foi quem nos fez embarcar nesta aventura! Pelo contrário, existe um número muito maior de templos em honra de Vishnu. Em suas encarnações Vishnu será Krishna, Rama... Ele será o guia espiritual, aquele que nos orienta em nosso caminho.

Mas a maior parte dos templos são dedicados a Shiva! E Shiva é Kali! Esse Deus destruidor é o mais amado, o mais venerado. A um hindu que me falava de "sua doce mãe Kali...", repliquei: "Sua doce mãe Kali?! Mas ela é assustadora!" Como você sabe, ela é representada em via de cortar cabeças, de arrancar os crânios, de beber sangue! Trata-se de um deus sangrento. Ela é a própria encarnação da violência, da destruição! Então o hindu me respondeu: "Mmmh... Com certeza, você tem razão... ela já me cortou várias cabeças..." Não me contive e, em tom um tanto zombeteiro, acrescentei: "Me desculpe, eu só tenho uma... e faço questão de conservá-la!" Em seguida, de repente compreendi que a expressão "ela já me cortou várias cabeças" significava "ela já me livrou de muitas ilusões". Ela me livrou de várias personagens, de várias imagens que eu tinha de mim mesmo.

Compreendi que Shiva era a potência divina enquanto nos purifica, nos livra de nossas ilusões para nos levar ao vazio de onde emergem todas as coisas.

Deus, ao mesmo tempo, nos constrói e nos destrói, nos "desconstrói". No entanto, amamos a Deus quando Ele nos constrói e nos faz florescer, mas não o amamos quando Ele nos faz murchar. No entanto, a flor floresce para murchar, como ela floresce para dar seu perfume. É por isso que, na presença do perfume, é necessário aspirá-lo. Deixemos de pensar na flor murcha e simplesmente... respiremos!

Respiremos o momento que nos é dado para viver, sem pretender retê-lo. A vida é feita para morrer, a flor é feita para murchar, o amor é feito para passar.

Nós somos passantes.

9
Fé... ou crença?

Portanto, Máximo o Confessor indica com precisão que o temor de Deus *vem* da fé em Deus. Para você, o que significa a fé?

Em latim, a fé se traduz por *fides*. Ora, esse termo é "confiar em...; depositar confiança; aderir ao que é e Àquele que É". E isso porque é sólido, verdadeiro. Depositamos nossa fé em alguém porque sabemos que essa pessoa é firme, verdadeira. Podemos confiar nela, depositar nela nossa confiança. Eis o que se pode dizer em relação ao termo latino.

Agora, em grego, a fé se traduz por *pistis* que significa "refleti; pensei; analisei; sei, portanto, que é verdade e posso acreditar nisso". A fé é, então, um ato da inteligência, uma inteligência exercitada. É a própria abertura de minha inteligência ao incompreensível. Com minha inteligência é como se eu acendesse uma lâmpada, enquanto com a fé é como se eu aproveitasse da claridade do sol. Eu me abro para a luz mais ampla do que a luz de minha simples razão. Eis o motivo pelo qual foi adotada a expressão *Luz da Fé*.

A fé é o que os antigos chamam uma virtude teologal, ou seja, um poder de ordem teologal, de ordem divina, uma Inteligência maior do que minha inteligência. Em certos momentos, sou mais inteligente do que a inteligência que tenho...! E nesses momentos eu sei o que é a fé.

Os latinos insistem, sobretudo, na noção de "confiança, de nos confiarmos a...", enquanto os gregos chamam a atenção para "a abertura de nossa inteligência para uma Inteligência maior".

A proclamação *Eu creio em Deus* significa literalmente "conheço a Deus como Deus se conhece; deixo Deus conhecer-se em mim".

A Luz que conhece a Luz.

Em Tua Luz, veremos Tua Luz...

Fé e crença são noções sinônimas?

Não. A crença é um resíduo. A crença consiste em conceitos, palavras, representações. Enquanto a fé é um movimento do coração e da inteligência em sua união ao real. A fé é um ato da inteligência que se une a uma realidade que não é simplesmente da ordem do visível, do tangível, do acessível. Um movimento do coração e da inteligência que se liga às profundezas da realidade que não poderá ser apreendida. Trata-se de uma inteligência mais ampla do que a inteligência comum.

Por outro lado, a crença faz parte da inteligência comum, das representações. É por isso que é importante perdermos todas as nossas crenças! No decorrer de uma iniciação mística surge efetivamente o dia em que perdemos todas as nossas crenças... Mas não perdemos a fé!

Perder a fé seria perder a inteligência. No próprio momento em que perdemos nossas crenças, começa a fé. No momento em que perdemos todas as expectativas, começa a esperança. E no momento em que deixamos de amar de maneira possessiva, livres de expectativas e desejos; no momento em que estamos para além de tudo isso, começamos a amar no sentido do *agape*. Começamos a amar de forma divina.

A fé (*fides* para os latinos e *pistis* para os gregos) tem, além disso, entre os hebreus, uma relação com a verdade, *emet*: o que é sólido.

Em hebraico, a fé diz-se *aman*, de onde virá a palavra *amém*. *Eu creio* significa, portanto, "amém, amém, eu vos digo" que é traduzido por: "Em verdade, em verdade, eu vos digo..."

Nesse sentido, acreditar é unir-se ao Ser que está em nós, formar uma só coisa com Ele. Trata-se de um ato de não dualidade com o que é. Quando dizemos de Jesus que Ele é o Amém (no Livro do Apocalipse, Ele é o Amém...), dizemos que Ele é *sim* ao Ser. Ter fé é estar em um momento de "sim" total, incondicional. Ser "todo ouvidos"[5] e estar em um momento de um "sim total"! Estar em uma escuta total e em uma total aderência, uma total adesão. Nesse instante, estaremos verdadeiramente vivenciando a fé.

Essa atitude corresponde a um ato de não resistência?

Trata-se de um ato de abertura ao que é: o ato de não medo ao que é.

Quando você diz que a fé é um ato de não medo, não posso deixar de pensar, de novo, na ambiguidade das palavras de Máximo o Confessor, ao afirmar que "a fé vem do temor de Deus..."

Sim, é evidente... De fato, é no próprio momento em que eu me deixo abrir para Aquele que É, que esse frêmito de meus limites se fará sentir. É no próprio momento em que minha inteligência se une ao incompreensível, que há um balbucio. E esse balbucio é justamente o "temor" da inteligência – inteligência que gagueja em um frêmito de palavras que tentam afirmar, por meio de um esforço desesperado, coisas fora de seu alcance. Nesse instante, sentimos perfeitamente que as palavras falam de uma realidade que não é da ordem da linguagem. Eis a razão pela qual são balbuciadas, pronunciadas com tremor na voz.

O temor não passa de um balbucio de nosso corpo ao sentir que, em breve, estará abraçando intimamente algo que não poderá conter. É como o vaso que se coloca na torrente: sua forma é sacudida por esse fluxo, ele vibra.

---

5 No original, *tout ouïe*, assinale-se a homofonia, em francês, dessa expressão com a que se segue na mesma frase: *tout oui*, traduzida por "sim total" [N.T.].

Você poderá constatar, dessa forma, como as palavras de Máximo o Confessor, são baseadas na experiência. Tal temor vem certamente da fé; esse temor, esse balbucio, esse frêmito, surgem exatamente do contato, da união. Como acontece, às vezes, quando duas pessoas se tocam... tal contato desencadeia um frêmito, provoca centelhas, vibrações... Da mesma forma, a fé é esse momento de contato, de união, de abertura, de abandono. O corpo vibra, o coração vibra, a inteligência vibra! De repente, explode uma luz intensa... Não compreendemos mais nada, não vemos mais nada, porque há claridade demais!

Luz em demasia acaba por ofuscar a vista...

É evidente, luz em demasia acaba por ofuscar a vista! E, nesse instante, efetivamente, ocorre o buraco negro, o buraco branco... é o Perturbador![6]... Trata-se, então, de nos deixarmos perturbar; de nos deixarmos perturbar pelo Perturbador. Mas, para isso, temos de nos aceitar vazios, "esburacados"![7]

Você quer dizer que temos de nos aceitar como "nada" para sermos "tudo"?[8]

Temos de nos aceitar como "buraco"! Não estamos longe de certas noções contemporâneas, psicanalíticas, quando Lacan fala justamente do "buraco". Evidentemente, devemos evitar tomar esse termo em seu sentido trivial; no entanto, somos esburacados!

Olhe para a sua pele: ela está repleta de buracos. E, se você não tivesse buracos, não poderia respirar! O sexo também é um buraco... e é o espaço do outro!

6 No original, *Troublant*. O autor utiliza um trocadilho: *trou* (buraco) e *Blanc* (branco); este termo é homófono de *blant*, sílaba final de *troublant* [N.T.].

7 No original, *trouè*, literalmente, "esburacado" [N.T.].

8 No original, *tout*. Assinale-se que, na resposta, o autor utiliza o termo *trou*, cuja pronúncia se distingue de *tout* pela introdução do *r* [N.T.].

Aceitar-me como esburacado é aceitar-me para o outro... é aceitar o espaço do outro em mim. Não cessamos de tentar tampar o buraco, preencher nosso nada, nossa carência! Quando, afinal, esse buraco é simplesmente o espaço do outro.

De fato, psiquicamente, é uma oportunidade de ter carências, é uma oportunidade de ser "esburacado" porque é o espaço de Deus.

Deus vem ao nosso encontro em nossas carências.

Por exemplo, fiquei impressionado por ter verificado que muitas carmelitas não tinham pai.

Se observarmos a psicopatologia dos místicos, damo-nos conta de que, muitas vezes, se trata de filhos que vivenciaram a falta de um amor essencial, de um amor primeiro. Volto a pensar em uma freira que me disse: "Mas não é Deus a quem tenho amado e sim meu pai! Sinto falta é de meu pai". Então, respondi-lhe: "Sua análise é, talvez, um tanto acanhada... De fato, Deus serviu-se dessa sua carência de pai para chegar até você, para abraçá-la carinhosamente, para vir a seu encontro. Felizmente você vivenciou essa carência. Com efeito, é através de nossas carências, através de nossos buracos, de nossas falhas, de nossas feridas, que Deus vem à nossa procura".

É isso mesmo... depois de nos ter machucado, Deus nos abençoa; depois de ter escavado profundamente nossa carência, Deus nos faz transbordar de felicidade. Às vezes, Ele nos ama... depois de nos ter devastado. Nesse deserto, o Espírito Santo é uma brisa ligeira ou um vento violento. Ora, é este vento violento que limpa nosso espaço, nosso quarto... Após sua passagem, estamos vazios, vacantes; assim, nessa vacância, o Ser que é poderá revelar-se a nós.

No próprio âmago de nossa carência, a plenitude pode oferecer-se para ser vivenciada.

10
Entre casamento e divórcio: a "aliança"

Existem duas espécies de casamento: o casamento civil através do qual os cônjuges se comprometem a viver juntos diante de uma sociedade, diante dos homens, e o casamento religioso em que tal compromisso é assumido diante de Deus. Essas duas modalidades comportam certas leis; no entanto, em ambos os casos, é frequente que nenhuma delas seja verdadeiramente cumprida, respeitada.

Assim, qual será o verdadeiro papel da sociedade quando manifestamos nosso desejo de casar? E, finalmente, com quem nos casamos verdadeiramente?

Existem sociedades em que o casamento não tem importância nem sequer sentido, já que, por exemplo, é a tribo que educa as crianças.

Na história da humanidade, o casamento monogâmico é uma invenção bastante recente. A razão principal de sua instituição é, sem dúvida, a educação dos filhos, a fim de que a criança tenha um nome e fique conhecendo sua origem. Psicologicamente, é importante conhecermos nosso pai e nossa mãe. É bom sabermos que não nascemos somente de um encontro casual, mas talvez, às vezes, de um ato responsável e, às vezes, até mesmo do amor... ou de uma inconsciência.

Na maior parte das vezes, nascemos do encontro de dois inconscientes. Somos, realmente, filhos, frutos, do acaso e da necessidade, da inconsciência e da pulsão.

O casamento irá consagrar essa inconsciência e essa pulsão, tentando colocar um pouco de ordem nessa situação, para o bem-estar da criança. Em certos tipos de sociedade, o casamento tem uma função no plano social. Tal função poderá ser contestada ou admirada... Mas é verdade que, em nossa civilização, a célula familiar constitui o fundamento de nossas sociedades; assim, atingir a família é atentar contra as próprias estruturas dessas sociedades e suas leis.

O casamento religioso é algo completamente diferente. Na origem, na tradição cristã, tratava-se de duas pessoas que viviam juntas, talvez já com filhos, e que reconheciam existir entre elas outra dimensão... que, no âmago do amor, existem realidades que não morrem. Amar alguém é declarar-lhe: "Você não há de morrer..." – não no sentido de que "não há de morrer em minha memória..." porque nesse aspecto também deve ser evitado todo tipo de ilusões, os parceiros irão esquecer-se facilmente... Mas, no amor, podemos tocar alguma coisa que não é simplesmente da ordem do espaçotemporal. Algumas vezes, em um ato de amor, no encontro de dois seres humanos, há uma abertura, um além que é vivenciado no próprio âmago dessa inconsciência, desse acaso, dessa necessidade e dessa pulsão. Nesse instante, o casamento torna-se o compromisso de duas pessoas que desejam ajudar-se em sua própria realização.

No ritual do casamento da tradição ortodoxa, ao lado das alianças encontra-se a coroa. O símbolo da aliança é importante porque é o encontro de duas liberdades, de duas autonomias que se aliam; daí o aspecto essencial da liberdade, de modo que o casamento será nulo se a liberdade de um dos cônjuges não tiver sido garantida...

Mas onde é que se situa a liberdade? Podemos dizer "sim" a alguém e, às vezes, nosso corpo poderá dizer "não" a essa união! Podemos dizer "não" a alguém e, às vezes, o inconsciente continua correndo atrás dessa pessoa... Eis a razão pela qual existem muitos casamentos nulos.

Em seguida, o símbolo da coroa é também importante. Dois seres comprometem-se a viver juntos para se coroarem mutuamente, para se realizarem, para se orientarem em direção à sua própria liberdade, para se ajudarem na descoberta mútua.

Eis uma das belas finalidades do casamento.

A finalidade do casamento não é simplesmente ter filhos, mas também o desabrochamento das pessoas que procriam esses filhos. É importante que os filhos se deem conta do seguinte: além de cuidarem deles, os pais deverão ocupar-se também de si mesmos. Nesse caso podemos falar de casamento, no sentido profundo do termo.

Mas existe também a questão abordada tanto nas tradições cristãs quanto nas tradições judaicas (e outras), designada por "indissolubilidade do casamento".

O que é indissolúvel no casamento? O que é indissolúvel entre duas pessoas?

Na dimensão do tempo, tudo é solúvel. Se nos casamos - eu direi, inconscientemente - arrastados pela pulsão ou pelo prazer, essa situação é realmente solúvel no tempo. O desejo embota-se... depois de se ter alimentado e incrementado, ele corrói-se e, nesse ponto, algumas vezes os cônjuges vão "procurar em algum outro lugar..." Não é porque sentimos desejo por determinada pessoa que nosso casamento terá a marca de indissolúvel; não é o desejo que constitui o cimento do casamento indissolúvel. Também não são os sentimentos: no decorrer do tempo, estes modificam-se... o ser humano é mutável. A pessoa que mais adoramos, em determinado momento, será aquela que, às vezes, na mesma noite, no mesmo dia, acabará sendo a mais detestada por nós...! Declaramos "Eu te amo" a alguém e, ao mesmo tempo, esse amor não está isento de vestígios de ódio.

Por vivermos esse amor psiquicamente, ficamos algumas vezes espantados ao verificar que as pessoas que mais nos amaram são, muitas vezes, aquelas que mais nos detestam, nos odeiam. E, às vezes, com quanta violência!

Uma vez que o indissolúvel entre duas pessoas não se baseia nos sentimentos (que, por pertencerem ao espaço-tempo, passam por modificações), então, será que está fundamentado na razão?

Existem casamentos baseados na razão, na inteligência; esses talvez tenham uma duração um pouco maior... Podemos casar-nos em decorrência de um amor "à primeira vista"[9], de uma afinidade física[10], como também podemos nos casar em virtude de termos compartilhado um instante de verdade, um estado de consciência. É interessante... damo-nos conta de que temos as mesmas ideias. Tal impressão dura algum tempo quando temos o mesmo projeto, quando pretendemos construir alguma coisa juntos.

Sentimos perfeitamente que nesse caso trata-se do casamento de duas inteligências... não somente de dois corpos, de dois corações, mas de duas inteligências. Eis a razão pela qual, talvez, esse relacionamento tenha uma duração um pouco mais prolongada, mas não muito mais...

Se, portanto, esse tipo de casamento também é solúvel no tempo, então, o que é realmente indissolúvel entre duas pessoas?

Creio que a única coisa indissolúvel é justamente o que não depende dessas duas pessoas. O homem não pode separar o que Deus uniu.

Mas, antes de tudo, é necessário que Deus tenha feito tal união!

---

9 No original, *coup de coeur*, literalmente, "ímpeto do coração" [N.T.].

10 No original, *coup de corps*, literalmente, "ímpeto do corpo" [N.T.].

Antes de tudo, é necessário que Deus seja uma realidade viva entre dois seres. Se Deus está presente, voltamos a encontrar o sentido do símbolo do Cristo que, convidado para as núpcias de Caná, troca a água pelo vinho quando este vem a faltar.

Mas, nos casamentos de nossos dias, o que falta é o vinho do desejo, o vinho da afeição... Afinal, o que é que poderá resistir à rotina do cotidiano?

A pessoa que amávamos com tanta ternura, de repente, irrita-nos! Já não suportamos encará-la de frente. No entanto... trata-se da pessoa por quem tivemos mais amor!

O vinho da inteligência também poderá faltar. Essa pessoa que julgávamos ser tão inteligente revela-se acanhada, estúpida, limitada! Revela-se tal como ela é. Então nesse instante é que seria necessário, talvez, lembrarmo-nos de que o que nos faz viver não é somente "nós", mas um Terceiro. E é esse Terceiro que é indissolúvel. Duas pessoas só poderão falar da indissolubilidade do casamento se seu encontro tiver sido efetuado na dimensão sagrada de seu ser, ou seja, na dimensão que lhes escapa, no que não depende delas.

Quando o encontro se realiza efetivamente nesse plano, o homem não pode separar o que Deus uniu. Podemos deixar de ter as mesmas ideias, podemos deixar de nos amarmos afetivamente, podemos deixar de ter desejo pelo outro, deixar de ter pulsão em relação a nosso cônjuge, tudo isso não tem importância... Esse deserto não é senão a passagem para outra qualidade de amor. Damo-nos conta de que amamos não o outro, mas somente gostamos de "estar apaixonados" por ele. De fato, limitávamos nosso amor a nós mesmos... através desse sentimento amoroso, da pulsão, do estado vibratório no qual o outro podia nos colocar, dessas palpitações que ele despertava em nós, da inteligência, da clareza que ele provocava em nós... Amávamos tudo isso, mas não sua pessoa!

Amávamos exatamente o fato de estarmos apaixonados!

Assim, quando o vinho falta, quando a compreensão, a afeição, o desejo deixam de manifestar-se, esse é o momento de descobrirmos que talvez haja outra fonte para o nosso encontro, a saber: o Terceiro. E é exatamente Ele que é indissolúvel porque não está imerso no tempo.

Todavia, o perigo consistiria em menosprezar a pulsão, em menosprezar a afetividade, a inteligência. Não se trata de afirmar isso. Trata-se de compreender que a pulsão, a afeição e as ideias comuns não são suficientes para que duas pessoas possam viver juntas!

Tanto o casamento baseado na razão quanto o casamento por amor, por paixão ou o motivado por pulsão são solúveis no decorrer do tempo. O único casamento indissolúvel é aquele que reconhece, entre duas pessoas, o Outro que as reuniu. Nesse caso podemos inclusive nos separar se nossas razões evoluírem em direção a coerências diferentes, se nossas paixões forem atraídas por outras pessoas, mas nossas pulsões irão conduzir-nos até nosso vizinho ou vizinha...

Afinal, limitamo-nos a separar o que o homem uniu e não o que Deus uniu.

Se, muitas vezes, esse estado não é vivenciado no casamento, em certas ocasiões ele pode ser verificado na amizade entre duas pessoas. Acontece que, às vezes, reencontramos alguém de quem nos separamos há muitos anos; mas ficamos com a sensação de termos continuado uma conversa ininterrupta. Parece que nada poderia nos ter separado e, no entanto... tudo contribuiu para nossa separação: os anos, a velhice. Voltamos a encontrar-nos com toda a espécie de rugas, de inscrições de memórias em nosso corpo, em nosso rosto e, entretanto... se o encontro vier a se efetuar no plano ontológico, no plano do ser, se os dois se abraçarem, mesmo que um deles tenha ficado rico e o outro não passe de uma "alma penada", essa situação não impedirá um verdadeiro reencontro. Pelo contrário, se a "alma penada" se deparar com o milionário de quem tinha sido amigo apenas no plano das ideias, no plano humano, então, nesse caso, efetivamente cada um irá permanecer em seu meio... aliás, um vai fingir que não reconhece o outro, enquanto o segundo nem terá a ousadia de dirigir a palavra ao primeiro...

Em resumo, o que é indissolúvel no casamento, na amizade e no amor é Deus!

O amor e o casamento são duas coisas diferentes?

O amor e o casamento são, algumas vezes, duas coisas diferentes. Mas há também casamentos sagrados. Às vezes, entre duas pessoas, há alguma coisa de indissolúvel, alguma coisa que nunca irá extinguir-se. Trata-se de uma grande felicidade porque esse amor dá forma à pulsão, ao desejo, ilumina-o, *desobceca-o*, liberta-o da obsessão. Assim, na pulsão, haverá ternura e profundo respeito. Distendendo-se a paixão, o outro será, então, amado com muito mais flexibilidade, respeito. Caso contrário, tal paixão, por si só, tornar-se-á um inferno. As pessoas que amamos com maior paixão são, talvez, aquelas que amamos com maior intensidade, mas nem sempre da melhor forma! Para o apaixonado, a qualidade do amor avalia-se pela intensidade da desrazão que veio a se inscrever nele. Nesse caso, o Terceiro irá iluminar a paixão, a pulsão e a razão; portanto, não se trata de um amor desencarnado. Outra dimensão se introduz nesses diferentes espaços do encontro: encontro dos corpos, encontro dos corações, encontro das inteligências. E essa dimensão cria espaço, insufla oxigênio... na paixão, na pulsão e nas inteligências. Assim, por exemplo, podemos manifestar opiniões diferentes a respeito do mesmo assunto sem por isso nos separarmos. Que o outro seja diferente é, então, um enriquecimento.

Da mesma forma, se a maneira de amar de meu cônjuge é diferente da minha, eu aprenderei algo de novo. Vou aprender a lançar um olhar diferente sobre as coisas, mais ou menos entusiástico, mais claro, mais agudo ou, pelo contrário, mais envolvente. No plano dos corpos, vou igualmente aprender novas coisas: que tenho prazer em certa postura, em certa atitude e que meu cônjuge encontra seu prazer em uma postura, em uma atitude diferente... Vamos estabelecer um intercâmbio e dizer ao outro onde está exatamente nosso prazer... e isso só é possível graças à liberdade. Liberdade de uma fala que emergiu em nós e que tivemos a ousadia de "deixar expressar-se".

Nesse instante, nossa sexualidade torna-se uma sexualidade humana e não unicamente uma sexualidade animal ou, ainda, uma sexualidade enrustida. Essa sexualidade verdadeiramente humana é uma sexualidade habitada pelo *Logos*.

Então, evidentemente, vivenciado dessa forma, o casamento torna-se alguma coisa incrivelmente interessante, tratando-se assim de um relacionamento sagrado... o ato sagrado que é, ao mesmo tempo, o mais humano e o mais divino.

Se duas pessoas chegarem a uma verdadeira compreensão do casamento como ato sagrado, o amor será enobrecido, libertado. Mas, se o relacionamento se limitar à reunião de duas personalidades que decidem viver juntas, em vez de ficarem sozinhas, não haverá o risco de vermos o amor enjaulado?

Sim, é evidente. Nessas condições, o casamento é a morte do amor; aliás, é isso o que se passa frequentemente...

A esse propósito, estou pensando em um belo livro de Christian Bobin, *La part manquante*: trata-se da história de duas pessoas que se amam e ela relata que, depois de se terem casado, Deus os deixou...

O que se teria passado com o casamento? Simples: um dos cônjuges apodera-se do outro! Pretendemos ter direitos sobre o outro! O outro deixou de ser uma dádiva, para se tornar um débito! Ele deverá cumprir seu dever conjugal... O dever já não é o prazer conjugal, já não é o deslumbramento, a brincadeira, mas unicamente um dever. O prazer de trocarmos ideias juntos, de lutarmos com nosso cônjuge, de nos questionarmos quando não estamos de acordo, tornou-se um enfrentamento, uma vontade de poder para defendermos nosso território. É necessário que haja um que domine e que o outro seja dominado!

A estabilidade da maior parte dos casais deve-se não ao fato de que Deus os uniu, mas, infelizmente, ao sadomasoquismo que grassa entre os cônjuges...!

Vemos casais, unidos legalmente, que deixaram de se amar e outros que só conseguem amar-se fora do casamento (civil ou religioso).

Essas duas atitudes não serão desequilibradas? A recusa obstinada do casamento, assim como a pretensão de celebrá-lo o mais rapidamente possível, não corresponderão a um mesmo procedimento?

Certamente. Uma vez mais, trata-se de nossa dificuldade em enfrentarmos nossos limites que acabam por nos manter confinados ou são recusados por nós. Voltamos ao que já dissemos: o casamento é uma convenção social (aceita, recusada ou tolerada) à qual nos acomodamos, mas, finalmente... a questão não está aí. A questão é a seguinte: Como viver essa dimensão do eterno no cotidiano? Como viver o amor "lado a lado", não apenas de uma forma pontual (fins de semana ou instantes privilegiados), mas no cotidiano? O que não é solúvel no cotidiano?

Você tem razão ao afirmar que tanto a recusa do casamento quanto sua procura a qualquer preço são dois becos sem saída.

Talvez fosse necessário encontrar outro nome para falarmos dessa união sagrada entre duas pessoas que aceitam amar-se ao mesmo tempo em sua dimensão espiritual e em seus limites.

É verdade que, dimensão sagrada ou não, casamento é o único nome oficial utilizado para a vida em comum. Em compensação, quando duas pessoas vivem juntas no cotidiano, como se estivessem casadas, mas sem terem passado pelos arcanos sociais ou religiosos do casamento, falamos então de *união livre*. Acho belíssima essa expressão... mas, seremos mais livres nessa situação do que no casamento?

Sim. Porque é necessário ver o que é que foi feito do casamento!!! Este já nada tem a ver com a ideia original. O casamento tornou-se uma instituição social que mata o amor, que expulsa Deus do relacionamento, enquanto a relação do homem com a mulher é o espaço em que Deus se encarna, se manifesta.

"No princípio Deus criou o homem à sua imagem. Homem e mulher os criou..."

A imagem de Deus é o relacionamento de dois seres diferentes na unidade e unidos em suas diferenças. É nesse contexto que, concretamente, encarna a Trindade, a experiência trinitária, ou seja, a experiência de um relacionamento. É verdade que, hoje, a palavra *casamento* remete a uma instituição social. E, para algumas pessoas, é preferível evitar esse procedimento legal se este vier a ter como consequência a morte do relacionamento.

Todavia, para outras, seria preferível o casamento porque este poderá ajudá-las a encarnar o relacionamento no cotidiano, no tempo; caso contrário, elas teriam tendência simplesmente a sonhar. E não será verdade que o divórcio é a queda de um sonho?! A decepção diante de um casamento sonhado e não vivenciado?...

Eis outra questão, mas estou impressionado por ver como as pessoas se divorciam tão depressa...!

Em sua opinião, qual será o motivo da rapidez na demanda de divórcio?

As pessoas se divorciam tão depressa porque não suportam o deserto. Não suportam o deserto do desejo, o deserto da paixão, o deserto da inteligência. Não suportam o luto da imagem que têm do outro e que, no entanto, irá permitir o encontro delas com o outro.

Em minha opinião, é o sinal efetivo de que são raros os casos de casamento por amor. Há casamentos baseados na pulsão, nas paixões, nas ideias, na razão, mas raros são os casamentos por amor.

No simples plano humano, o amor nada tem a ver com a falta de compreensão, com a falta de sentimentos amorosos pelo cônjuge, com a falta de pulsão em relação ao outro... Isso não significa que tenhamos deixado de amar nosso cônjuge... Nós o amamos de uma forma diferente, com menos intensidade... Não será apenas que, em lugar de nosso cônjuge, preferimos nossas intensidades pulsionais, passionais e intelectuais? Essa é que é a verdadeira questão...

O momento do deserto do amor não é obrigatoriamente o momento apropriado para a demanda de divórcio, mas antes a ocasião em que deveríamos escolher o outro enquanto outro. Mas, nesse momento, acabamos por escolher a nós mesmos! E encontramos outra pessoa para recomeçar a mesma coisa.

Hoje, como não é frequente a união sagrada, continuamos sem saber exatamente o motivo pelo qual nos casamos. Será que ficamos mais cientes dessa motivação pelo fato de nos divorciarmos?

A palavra adequada para casamento é *aliança* entre duas liberdades. No entanto, a maior parte dos casamentos não é aliança. Para que haja aliança é necessário que existam dois "inteiros"; é necessário que haja o encontro de duas "inteirezas". Ora, a maior parte dos casamentos registra o encontro de duas metades! Limita-se a ser casamento, ou seja, um inconsciente que encontra outro inconsciente.

Vou procurar no outro a parte que me falta. É, aliás, por isso que ocorre o amor à primeira vista! Eu me reconheço imediatamente... já que se trata da parte que me falta.

Isso não será um comportamento bastante narcisista?

Sim, é evidente! Limitei-me a amar-me! Amei minha outra metade. E, desde que eu venha a recuperar essa outra metade, eu a interiorizo. De fato, sirvo-me do outro para me tornar eu próprio, para me tornar inteiro. Mas o problema é o seguinte: uma vez que me vejo com minhas duas metades, que me vejo inteiro, pergunto-me, então, o que estou fazendo com o outro ao meu lado! Eu já não tenho necessidade desse outro... portanto, adeus!

Assim, podemos decidir separar-nos ou, então, continuar a viver juntos... agora que somos duas "inteirezas". Mas, se continuamos a viver juntos, o outro já não serve para preencher nossas carências... nem nós as dele. Estamos juntos para vivermos uma aventura estranha, para nos ocuparmos de nossos filhos, para nos elogiarmos um ao outro.

Efetivamente, talvez devêssemos chamar a atenção para o casamento de aliança porque esta pressupõe duas liberdades, duas "inteirezas".

Amar um outro inteiro é, mesmo assim, mais interessante do que amar uma outra metade! Amar uma outra metade é amar-se, enquanto amar um outro inteiro talvez seja começar a tornar-se adulto, ou melhor, amar o outro porque o Real é o outro.

Existe, também, um surdo sentimento de culpa no casamento que parece ter surgido da incapacidade de cada um dos cônjuges para viver o cotidiano com o outro... apesar dos compromissos assumidos. Qual será a fonte desse sentimento?

Com efeito, existe o sentimento de culpa por não termos condições de viver com o outro, por não estarmos à altura dessa aliança. Mas antes de falar desse sentimento, é necessário falar da culpabilidade no plano social. Trata-se do sentimento de culpa por não sermos como todo o mundo, por não preenchermos os cânones da ordem social em relação à imagem do casal, do casamento ou da família. Sentimento de culpa por não sermos como os outros? De fato, sentimo-nos culpados por não correspondermos à imagem que os outros projetam sobre nós ou, ainda, culpados por não apresentarmos a imagem de nosso próprio desejo. Efetivamente, a imagem dos pais ou a imagem social será importante.

Uma igreja – a Igreja Romana – não só condena o divórcio, mas também priva os divorciados do acesso aos sacramentos, do acesso à Comunhão.

Observemos, todavia, que na tradição antiga – na tradição cristã ainda hoje conservada na Igreja Ortodoxa – a Igreja admite o fracasso do amor. Podemos fracassar... podemos fracassar justamente porque, como já indicamos com toda a precisão, somos casados no plano de dois inconscientes. Não nos escolhemos verdadeiramente; além disso, entre os cônjuges não chegou a existir a dimensão espiritual.

A causa de um grande número de divórcios é, de fato, a seguinte: um dos cônjuges abriu-se para uma certa dimensão do ser, enquanto o outro continua fechado para tal dimensão. Estamos assim essencialmente separados, mesmo que nos entendamos bem no plano pulsional, afetivo e intelectual. Apesar de tudo, sentimos que, essencialmente, do ponto de vista ontológico, já não estamos no mesmo mundo, já não comungamos do mesmo Ser. Nesse caso específico, o divórcio está "consumado".

A Igreja reconhece, portanto, que duas pessoas podem estar enganadas em relação ao amor que sentem uma pela outra.

Na realidade, quem consegue se casar verdadeiramente adulto?! Quem se casa com plena liberdade em relação a seu inconsciente?

Evitando culpabilizar o fracasso, a Igreja Ortodoxa oferece a possibilidade aos cônjuges de não ficarem confinados nessa situação; permite que esse fracasso seja reconhecido como um sofrimento porque é sempre um sofrimento depararmo-nos, cotidianamente, com os limites de nossa paciência, de nossa capacidade de amar. Além disso, o simples reconhecimento desse engano já é um sofrimento... então não vale a pena ficar amargando uma situação insuportável!

Pelo contrário, nesses momentos temos uma verdadeira necessidade dos sacramentos, temos uma verdadeira necessidade de lembrarmo-nos de que, se a sociedade nos abandona, se nosso marido ou nossa mulher nos abandonam, por sua vez, o Ser não nos deixa e o Vivente continua a habitar em nós. Somos capazes de amar... ainda somos capazes de estabelecer um relacionamento. Relacionamento que, se for consequente, se tirar algumas lições de seu fracasso, não voltará a cair, talvez, nos mesmos impasses. Portanto, estamos vendo, também nesse aspecto, a importância da aceitação do fracasso. Evitemos negá-lo e tomemos consciência de que, efetivamente, temos limites e nem sempre sabemos amar. Não sabemos o que é amar alguém, o que é amar o outro.

De fato, limitamo-nos a amar uma imagem que projetamos sobre o outro e não somente nos enganamos, mas nós o enganamos; dormimos na mesma cama, mas não temos os mesmos sonhos...

Quando nos enganamos, é necessário que reconheçamos tal engano, que o verbalizemos e que retomemos nossa liberdade. Mas... como manifestar tudo isso de uma forma inteligente, sem esquecer que esse fracasso produziu frutos, filhos? Como voltar a situar tudo isso em relação aos filhos?

Esse tipo de separação não parece ser possível a não ser quando as duas partes constatam juntas o fracasso e conseguem ser lúcidas ao mesmo tempo. Isso não é raro?

Sim, é extremamente raro...

Na maior parte dos casos, não será a exigência de um dos cônjuges que "já não suporta" a vida a dois...?

E é dessa forma que o divórcio torna-se alguma coisa de dramático porque acaba sendo o espaço da acusação contra o outro: nosso amor fracassou, não por minha culpa, mas por sua culpa! Porque você não me compreendeu, porque você deixou de gostar de mim etc.

No caso justamente de uma decisão unilateral, a noção de sentimento de culpa não será mais aguda? Sentimento de culpa que teria origem em uma sensação de incapacidade para ser feliz...

Qualquer revés tem causas ao mesmo tempo fisiológicas e psicológicas. No casamento, muitos fracassos enraízam-se nas neuroses compartilhadas pelos cônjuges. Exemplo: a neurose de abandono. É quando o fracasso do casamento limita-se a repetir um fracasso vivenciado na relação com o pai ou com a mãe; um sentimento de culpa no qual a pessoa volta a situar-se, que irá ser repetido. Estamos realmente no campo neurótico que poderá levar à ruptura e ao divórcio. No entanto, uma vez mais, será que nessa situação já não existe demasiado sofrimento?

É a razão pela qual o papel de uma comunidade espiritual, seja ela qual for, consiste em ajudar-nos a saber o que deve ser feito de nosso fracasso conjugal.

Não será que, frequentemente, essa provação se torna uma ocasião de fechamento?

Algumas vezes a Igreja confina as pessoas em seu fracasso, nas consequências negativas do divórcio, excluindo-as da Comunhão ou da comunidade. Mas onde e quando iremos transformar o fracasso em uma ocasião de tomada de consciência?

Nesse aspecto, estamos no âmago do Evangelho.

O que é o Evangelho? Trata-se de um fracasso, embora de um fracasso assumido! O que é a cruz? É o fracasso do amor! De certa maneira, o Cristo fracassou. Ele fracassou por não ter sido amado por aqueles que Ele amava. A cruz... é o fracasso total! No entanto, no próprio âmago desse fracasso, ainda há amor.

Esse maravilhoso exemplo pretende dizer-nos o seguinte: não é porque fracassamos em nossa vida amorosa que devemos deixar de amar, que o amor seja mau.

Trata-se de uma reação típica em alguns divórcios; na medida em que, efetivamente, o fracasso é terrificante, infinitamente doloroso, há quem faça o seguinte comentário: "Agora, nunca mais vou amar! Nunca mais cairei noutra!" E a pessoa se fecha... congela sua capacidade de amar.

Ao mesmo tempo, culpabilizamo-nos porque sentimos profundamente que estamos em via de matar a vida, de matar o desejo; estamos em via de matar o que temos de melhor; estamos em via de matar Deus em nós, de crucificá-lo, de recrucificá-lo!

É a cruz que permanece confinada em si mesma, é o fracasso fechado em si mesmo. Como um cristianismo que se detivesse na Sexta-feira Santa; como um casamento que se detivesse nessa sexta-feira! Quando, afinal, conviria vivermos nossos encontros como uma "páscoa", como um espaço de transformação.

Mas a verdade é que há dias que são verdadeiramente como a Sexta-feira Santa: um verdadeiro fracasso, um verdadeiro abandono!

No plano do casamento baseado na razão, podemos fracassar ao tentarmos explicar nossa atitude; no plano do casamento baseado na pulsão, fracassamos na tentativa de nos excitar... apesar das sensações de cócegas ou dos produtos que possamos utilizar...!

Um grande número de divórcios está realmente baseado neste pressuposto: o desejo morreu. Você poderá fazer tudo o que quiser, mas tornei-me seco, morri. O que teria acontecido? Deduzo que deixamos de nos amar; portanto, separemo-nos!

Para algumas pessoas, essa é a causa do divórcio. E não vale a pena desviar nossa atenção: é nesse plano que muitos casais se separam.

A partir daí, o que é feito desse fracasso? Será que se torna uma ocasião de tomada de consciência? Será que chegamos a expressá-lo de viva voz? Se falássemos disso, seria possível que as coisas decorressem melhor porque poderíamos então deixar de lado o medo. Esse medo de não nos sentirmos "bem". Será que faço a minha parte para que ele/ela sinta verdadeiro gozo? Muitas vezes, é nossa, e não do cônjuge, a preocupação em sermos um *superman* ou uma *superwoman*.

Ainda nesse aspecto, não seremos vítimas de uma lei da sociedade que nos obriga, ininterruptamente, a ser bem-sucedidos, a ser cada vez melhores?

Exatamente. É a razão pela qual penso que o casamento é feito para fracassar! Um relacionamento é feito para nos decepcionar.

A fim de modificarmos nossa vida?

A fim de que nos superemos, passemos... além. Do mesmo modo, diz-se que o Cristo veio a este mundo para morrer.

Você está querendo dizer que, se não ficássemos decepcionados, em determinado momento de nossa vida, por uma relação passional, por uma relação de fusão, nunca chegaríamos a conhecer uma verdadeira união?

Não conseguiríamos deixar nossa mãe! Não sairíamos da indiferenciação, não sairíamos de nós mesmos. Com efeito, de que fracasso estamos falando? Do fracasso do Eu! E o que é o fracasso do Eu? É, uma vez mais, o reconhecimento de nossos limites. Nosso corpo tem limites: nem sempre tem prazer. Nosso coração tem limites: há dias em que não sentimos nenhuma felicidade em ficar ao lado do nosso cônjuge. Ele nos pesa, é insuportável. Nossa inteligência tem limites: há dias em que nada compreendemos do que se passa. Fazemos figura de idiotas, tolos!

Bom... e então?! Seremos, mesmo assim, capazes de não nos comprazermos com esse fracasso?

Algumas pessoas dizem: permaneçamos casados, sobretudo se já não temos prazer, sobretudo se deixamos de nos amar, sobretudo se já não nos compreendemos... E sejamos mártires. Mas, em vez de mártires, somos masoquistas!!

O casamento religioso, por exemplo, pode ser excelente para alguns masoquistas: meu marido é maravilhoso, ele não me leva ao prazer... portanto, estou agradando a Deus, já que não tenho prazer! Ou ainda: meu marido não me ama, ele me engana. Tudo bem! Durante esse tempo, terei a possibilidade de tomar banho nas pias de água-benta! Já não nos compreendemos? Que importância tem isso?... De qualquer maneira, só Deus é que me compreende!

Você levanta, de forma velada, o tema do adultério. Como a Igreja Romana condena o divórcio, os casais unidos legalmente só serão divorciados do ponto de vista social e nunca diante de Deus. Mas se, em seguida, viverem um novo amor, não acabarão por vivê-lo perpetuamente em estado de adultério?

Nesse contexto, com certeza.

Mas isso é extremamente penoso!

Isso é grave do ponto de vista psicológico e espiritual porque então essa pessoa irá culpabilizar-se por amar! Ela poderá dizer para si mesma: "Não tenho o direito de amar a não ser essa pessoa com quem me casei diante do padre..."

Diante do padre... E não em presença de Deus, não imbuída dessa experiência de Deus de que já falamos. Tampouco no tipo de união na qual justamente descubro que entre nós há Alguém que não irá enganar-nos.

Podemos nos enganar, mas Aquele que É, entre nós, não irá enganar-nos. Ele é Aquele que É. Enganamo-nos mutuamente porque esquecemos Aquele que É entre nós.

Assim, em primeiro lugar, devemos ajudar a pessoa a tomar consciência de seu fracasso porque, ao mesmo tempo, isso é grave e não é. É infinitamente grave porque é doloroso e trata-se da condição humana. O próprio Cristo fracassou. É a cruz. Mas, ao mesmo tempo, isso não é grave porque não é o fim de tudo. Após a cruz (se a aceitarmos, se a vivenciarmos com amor e de forma consciente), vem a ressurreição.

E é verdade que, às vezes, no âmago de um casal, após uma ruptura, um divórcio legal ou outra forma de separação, quando os cônjuges voltam a se encontrar após o divórcio, após o fracasso, eles acabam por se encontrar para além do Eu. E, para além da união desses dois Eus que deixaram de se entender, que já não têm prazer, felicidade, alegria em estarem juntos, pode ocorrer que alguma coisa venha a ressuscitar.

No entanto, o que ressuscita não é o Tu e o Eu, mas o que há entre eles... E o casal tira proveito disso. Nesse caso, o corpo ressuscita, a afeição ressuscita, a inteligência ressuscita. Mas, claro, já não é como anteriormente. O corpo não volta a encontrar a intensidade pulsional de seus vinte anos. A paixão já não é a mesma, ela passou pelo fracasso de seus antigos modos de expressão...

Será que se trata do fracasso de nossas ilusões?

Com certeza, o fracasso de nossas ilusões, assim como o revés de um certo modo de relacionamento, ou seja, o fracasso do Eu que pretende apropriar-se de um outro Eu. Talvez desse modo tenhamos acesso à aliança.

O papel de uma igreja consiste em acompanhar esse fracasso, em permitir sua travessia, possibilitando a continuidade da vida. O fracasso não é a última palavra; a última palavra é a ressurreição. No entanto, antes da nova aliança, há efetivamente o "sábado santo": o dia do vazio, o dia da carência. Eis por que não convém estabelecer imediatamente uma nova aliança. Algumas vezes, os homens, sobretudo, voltam a casar-se depressa demais porque têm medo do vazio, do túmulo vazio, do nada.

Trata-se de uma catástrofe porque será então exigido da nova esposa (ou do novo esposo) o preenchimento da carência que o cônjuge anterior tiver deixado. Mas esse outro não poderá ser substituído! Não é possível substituir um homem por outro homem, uma mulher por outra mulher!

Será que se pode substituir um corpo por outro corpo?

Também não... Não podemos substituir um corpo por outro corpo porque cada corpo é único. Cada corpo tem sua maneira bastante pessoal de ter prazer e de comunicá-lo ou conservá-lo. Cada pessoa é única, inclusive em seu corpo. Todavia é seguro que, se eu me limitar a fazer amor comigo mesmo, servindo-me do corpo do outro como se fosse uma boneca inflável... então, nesse caso, evidentemente...!

Será essa a diferença entre corpo-objeto e corpo-sujeito?

É isso mesmo. Se nos apresentamos com um corpo-objeto, nunca chegaremos a encontrar "um outro", permaneceremos com nós mesmos.

Você afirma que o casamento monogâmico é uma instituição tardia, sem dúvida, criada com a finalidade de facilitar o equilíbrio psicológico dos filhos. Nesse aspecto, qual é a situação atual? Será que tal equilíbrio continua sendo a principal justificativa do casamento?

Serve igualmente para o advento da dimensão pessoal do relacionamento. Por exemplo, ainda hoje, na Índia, não são duas pessoas que se casam, mas duas constelações, dois horóscopos, duas famílias que se unem. Do mesmo modo que, em nossas sociedades medievais, o casamento nada tinha a ver com o amor, mas visava a perpetuação da espécie, da sociedade.

Pelo menos, naquela época isso era claro!

Sim, era claro, mas... Vou, talvez, provocar-lhe um choque, mas penso que uma pessoa não se casa com alguém porque o ama, mas para o amar! Para aprender a amá-lo.

Nas sociedades tradicionais, uma pessoa não se casava porque amava alguém, já que de qualquer maneira ela não escolhia seu cônjuge. Desde seu nascimento, os noivos já estavam prometidos a alguém de sua família. Desde a idade de dois anos, eles já estavam casados. Nesses casos, a pessoa casa-se exatamente para aprender a amar... E isso talvez não seja assim tão ruim.

O que será mais interessante: um casamento passional que, às vezes, desmorona no final da noite de núpcias, ou um casamento com alguém que a pessoa não ama no momento da cerimônia, mas que, aos poucos, no decorrer do tempo, aprende a descobrir? A pessoa vai descobrindo que o cônjuge tem qualidades e, algumas vezes, acaba por amá-lo.

Mas, é claro, nenhum desses casos é a solução. Nas duas situações não há aliança, trata-se apenas de casamento...

De fato, para que haja verdadeira aliança, é necessário termos passado pelo que poderíamos chamar "casamento desigual"[11] ou "desaliança".

Vamos encontrar tal situação no processo analítico em que há o momento do enlace: ligar, desligar, aliançar. O momento do enlace corresponde ao momento da paixão, ao momento da fusão. Trata-se de um momento bastante prazeroso porque bastante infantil; são dois "Ids" que se encontram. Em seguida, vem o momento do ego que emerge do Id, que sai da fusão: é a fase do "desligar". Eu sou eu... e tu, cala-te[12] *[Risos...]*.

Quando você afirma "o ego emerge", ocorre-me a imagem de um recife emergindo acima das águas. Desse modo, isso[13] passa e chegamos a estabelecer aliança, ou isso[14] fica em pedaços...!

É isso mesmo. Isso passa ou isso fica em pedaços! É o momento em que o ego-adulto emerge do ego-criança, em que o ego-amante emerge do ego-apaixonado.

O amor entre duas pessoas assemelhar-se-ia, então, a um navio que deve passar entre dois rochedos que são o ego de cada um? A passagem é, muitas vezes, estreita e

---

11 No original, *mésalliance*; assinale-se que *més* é um prefixo pejorativo [N.T.].

12 No original, *tais-toi*. A graça existe porque, em francês, homofonicamente, *tais-toi* é semelhante a *t'es toi* = tu és tu [N.T.].

13 No original, *ça*; em francês, além de outras acepções, este é o termo correspondente a "Id". Eis a frase original: "Soit ça passe et nous connaissons l'alliance, soit ça casse...!" [N.T.].

14 No original, "Ça passe ou ça casse!" [N.T.].

perigosa... Se isso passa, o navio avança para o alto-mar; mas, se isso fica em pedaços, o amor é esmagado entre os dois blocos!

Sim... E na maior parte do tempo isso não chega a ficar em pedaços, mas atola-se! Seria preferível que isso ficasse em pedaços, que se rompesse. Com efeito, quando um casamento fica atolado, não estamos casados nem somos celibatários. Não sabemos onde estamos e, sobretudo, envenenamos nossa vida!

É necessário ter coragem para enfrentar o outro em sua diferença. Bem, dito isso, não nos casamos para ficarmos em pedaços ou atolados... mas para avançarmos! Para nos descobrirmos em nossa verdade. Eis o terceiro termo: finalmente, estabelecemos a aliança.

Você afirma que as razões que nos levam a permanecer casados nem sempre são idênticas às que estiveram presentes na origem do casamento...

Sim, justamente por serem razões. Casamo-nos pelo ímpeto do amor à primeira vista e, às vezes, permanecemos casados por razões de dinheiro ou de segurança. Mas nem sempre... Convém evitar as generalizações. Agora evitemos nos culpabilizar por permanecermos casados! Nesse caso, passamos para o outro extremo: em uma classe, os alunos anormais seriam aqueles cujos pais não são divorciados! Desse modo, mudamos as regras sociais. A normalidade seria estar divorciado... O normal seria o fracasso! Ora, o fracasso não é mais normal do que o atolamento. O que é normal é superar as dificuldades. O que é normal é que, através de nossos conflitos, de nossas diferenciações, tenhamos a possibilidade de crescer. Ligar, desligar, aliançar... Casamento, divórcio, aliança... Podemos nos aliançar com a pessoa com quem estamos casados.

Não será por isso mesmo que o casamento, enquanto instituição social, parece ser pernicioso? No caso de uma união livre, a passagem do "desligar" será simplesmente chamada separação. Nesse caso, não será mais fácil para um casal voltar a encontrar-se em uma aliança após uma simples separação e não após um divórcio, que é uma ruptura penosa, oficializada, legalizada?

O que você está dizendo é muito apropriado porque tanto a união quanto a ruptura são legalizadas. Há um confinamento em uma união que não chega a ser uma verdadeira união, assim como há um confinamento em uma diferenciação que não é uma separação; quando, afinal, o divórcio poderá ser um momento psicológico de diferenciação.

Em nossos tipos de sociedade, o divórcio é a única saída quando um dos cônjuges não quer compreender que o casal é composto por duas pessoas. Por exemplo, cada um deverá gerenciar seus recursos financeiros... A vida a dois passa também por essas coisas; trata-se de um teste das diferenças. Deveríamos evitar qualquer tipo de confinamento... algumas pessoas se fecham no casamento, enquanto outras no divórcio!

Aqueles que se precipitam para se casar o mais depressa possível não serão os mesmos que se precipitam também para pedir o divórcio, como se este fosse "a solução" de um casamento fracassado?

Exatamente!

O fato de alguém não querer reexaminar um julgamento oficial – como, por exemplo, o divórcio – não será uma questão de orgulho em relação a si próprio e à sociedade?

Sim. Trata-se de uma manifestação de orgulho. Se nos casamos por toda a vida, então, por orgulho, vamos manter a situação e acabamos por nos atolar. Efetivamente, permanecemos casados já não por amor, mas por orgulho. E é também por orgulho que permaneço separado do outro porque esta é a minha decisão etc. Em ambos os casos, trata-se de dois egos inflados. Inflação que se afirma pela fórmula "aguentar, custe o que custar", destruir-se em fogo lento, assim como inflação de uma separação "custe o que custar" para não voltar, de jeito nenhum, a encontrar o outro, para não ter de pedir perdão.

Recomeçar em outras bases não seria a mesma coisa... Uma vez mais, trata-se, nesse caso, de um novo casal. Eis a razão pela qual *recasar-se* é um termo inadequado já que é estabelecida uma nova aliança.

É verdade que convém desconfiar do termo *recasado*. Não podemos deixar de pensar nas palavras do Coélet (o Eclesiastes): "Vaidade das vaidades... o que foi será, nada há de novo debaixo do sol..." E poderíamos facilmente utilizar essa mensagem a fim de não nos esquecermos das circunstâncias que nos levaram à separação...

O que diz o Coélet é o que dirá Freud: o mecanismo de repetição. Repetimos as mesmas coisas que, afinal, são esquemas adquiridos na infância...

Será possível, com a mesma pessoa, deixar de cair na repetição?

Sim, se houver uma morte, se houver uma ressurreição. O que repetimos são nossas histórias de casais formados com pai e mãe. Para Freud, é evidente que repetimos tal situação até a morte. Por mais vezes que troquemos de marido ou de mulher, o clima só vai ficando mais tenso. Portanto, chega um momento em que aceitamos o fracasso e acabamos por acreditar que podemos ter, com outro cônjuge, um melhor relacionamento.

Mas, é claro, isso pressupõe que encontremos alguém que aceite a possibilidade de fracassarmos juntos; e, em seguida, que juntos possamos fazer alguma coisa a partir desse fracasso...

Existem pessoas que chegam a um acordo para se separarem, para se detestarem. De fato, deveríamos casar-nos para nos detestarmos: eis o que seria muito mais lógico! Finalmente, o que aprendemos no casamento é o ódio e não o amor. O estado de paixão verifica-se antes do casamento, enquanto o amor manifesta-se depois!

No entanto, você já indicou claramente que, nas sociedades asiáticas, as pessoas se casam para aprenderem a se amar?

Sim, nessas sociedades; além disso, no início, as pessoas se detestam! Elas se detestam porque têm raiva do outro – em primeiro lugar, porque não escolheram o cônjuge, já que foram os pais que desejaram tal casamento; e, em seguida, talvez os astros se tenham enganado, não há nenhuma expectativa etc. Finalmente, vivemos com alguém para aprender que tipo de ódio nos habita. E, quando transpomos o muro do ódio, ou seja, o muro da aceitação do outro em sua alteridade, então desembocamos no amor.

Com Deus ocorre algo semelhante. A exemplo de Marie-Noël que começava suas orações com estas palavras: "Meu Deus, eu não vos amo", no dia de nosso casamento, deveríamos dizer para nós mesmos: "Eu não te amo"!

Você fala do amor e do ódio. No entanto, pelo que entendi, o oposto do ódio, para você, não é o amor, mas o medo... é isso mesmo?

Sim. É verdade. Mas temos de começar por aí. Em seguida, vamos descobrir efetivamente que o contrário do amor é o medo. E a razão pela qual detestamos o outro é porque temos medo dele. No entanto, mais fundamentalmente, descobrimos sobretudo que esse medo é o medo de não sermos amados.

Não será bastante difícil não só aceitarmos uma situação de fracasso, mas, além disso, detestarmos o outro?

Trata-se de aceitarmos que, no relacionamento, não nos incumbe "preencher" as carências do outro, tampouco responder às suas expectativas; aliás, nunca conseguiremos satisfazê-lo plenamente. Casamo-nos pensando que vamos tornar o outro feliz... quando, afinal, na aliança, aceitamos a possibilidade de que isso não venha a acontecer. Poderemos fazer tudo o que estiver ao nosso alcance; no entanto, tal objetivo não será alcançado se nosso cônjuge não quiser... aliás, mesmo que ele queira! Definitivamente, nunca conseguiremos satisfazer sua carência.

Voltemos, então, ao Terceiro: no dia em que eu deixar de projetar o Infinito em um ser finito, deixarei de envenenar-lhe a vida! De fato, deixarei de lhe exigir TUDO porque ele não é TUDO!

Não podemos exigir de nosso cônjuge que ele seja Deus. Não podemos exigir do outro que reponha todo o amor que, porventura, nos tenha sido negado (por nossa mãe, pai etc.). No relacionamento nosso cônjuge não tem a obrigação de preencher nossa carência. Frequentemente, ele vai torná-la ainda mais profunda, deixando-a em carne viva – com essa infinita tristeza que, às vezes, nos invade quando estamos em companhia do ser que mais amamos no mundo e quando nos damos conta de que ele (ou ela) ainda não corresponde a nossas expectativas... e, no entanto, não podemos encontrar alguém melhor do que ele (ou ela). Ainda estamos no estágio da projeção: exigimos de um ser humano que seja o Tudo, o Infinito, que ele nunca poderá ser.

No dia em que ficarmos sabendo que esse Infinito é o Terceiro, limitar-nos-emos a pedir ao outro que seja simplesmente o que ele é. Até mesmo que seja tão estúpido quanto ele é... Uma mãe pode compreender isso muitíssimo bem. O que ela ama no filho nem sempre é o que ele tem de bom; muitas vezes, são seus defeitos, seus limites. Em um casal em que os cônjuges se amam verdadeiramente, o que um ama no outro não é somente suas grandes qualidades, mas também suas bobagens, suas fraquezas, seus defeitos... Mas, para nós, é difícil compreender isso porque não fomos amados senão naquilo que tínhamos de bom. E não imaginamos poder ser amados por nada! É impossível. Vemos, assim, que tipo de influência poderá ter exercido um trecho como este: "Pecador, minha mãe me concebeu..."

Não nascemos em clima de confiança; assim, além de não termos confiança em nós, sobretudo não depositamos confiança no fato de que nosso cônjuge possa nos amar e, além disso, amar nossos limites!

O fato de não podermos imaginar que o outro possa nos amar como somos não comprova até que ponto somos incapazes de nos amarmos assim como somos?

Evidentemente. Eis a chave: "Ama teu próximo como a ti mesmo". Não podemos amar o outro a não ser que nos amemos; e, se detestamos nosso próximo, é porque nos detestamos. É isso o que aprendemos no casamento...

Será que detestamos no outro o que, afinal, detestamos em nós?

Exatamente. E o que amamos no outro é o que amamos em nós. Até o momento em que o que amamos no outro é também o que lhe é peculiar, sua diferença. Mas isso pressupõe que tenhamos aceitado amar no outro o que não amamos em nós mesmos.

Amar sem complacência, mas com ternura...

Sim. Mas isso, como você afirma, não é fácil. Talvez seja necessário passar pelo amor de Deus, pelo amor incondicional. Trata-se de reconhecer que meu pai e minha mãe não me amaram incondicionalmente porque, realmente, eles não têm tal capacidade!

Sempre amamos sob condições: com a condição de que você seja sempre inteligente, de que tenha sempre dinheiro em seu bolso etc. Existe sempre uma condição!

Não conseguimos amar incondicionalmente; não sabemos, nem podemos fazê-lo. Mas existe a experiência do amor divino. Desse modo, damo-nos conta de que Deus nos ama incondicionalmente e de que Ele é o criador de nossos próprios defeitos. Aliás, se prestarmos mais atenção, poderemos reconhecer o seguinte: felizmente Deus criou falhas em nós; caso contrário, não vejo por onde Ele poderia entrar em nossa vida!

Eis aí, talvez, o maior problema. Esforçamo-nos em dissimular nossas falhas e fraquezas quando, afinal, é pela sua aceitação que a porta poderá abrir-se para esse Outro que, por sua vez, nos ama incondicionalmente...

Sim, quando retiramos nossas couraças. Mas, ao vestirmos uma couraça, o que queremos é evitar expor nossa vulnerabilidade porque – tenhamos presente em nossa mente – não convém colocarmo-nos nus diante de qualquer pessoa!

Não convém que nos mostremos nus diante de alguém suscetível de servir-se de nossa vulnerabilidade para confirmar sua força. Uma vez mais, o amor e a inteligência, o coração e a inteligência nunca devem estar separados; caso contrário, a situação torna-se perigosa.

É perigoso mostrarmos nossas falhas, mostrarmos nossas fraquezas, porque o outro pode tirar proveito disso para confirmar seu poder e sua opressão. Daí a importância da oração, da adoração. Com efeito, através dessas práticas podemos mostrar-nos nus, assim como somos, e aceitarmo-nos com nossas falhas. Todavia, para avançarmos ao encontro dos outros, é útil, às vezes, vestirmos nossa couraça.

11
Da confissão à pureza

Para muitas pessoas, parece difícil admitir que o simples fato de confessar um ato ou um pensamento repreensível a um padre seja suficiente para se purificarem disso e, assim, retomarem dignamente a vida cotidiana. A própria palavra *confissão* continua sendo um termo ambíguo, já que poderá significar a confissão de um pecado, assim como a pertença a determinada Igreja.

Será que existe verdadeiramente a necessidade de nos confessarmos e, no caso afirmativo, será que essa prática é diferente segundo as tradições religiosas? Que resposta poderemos dar a uma criança que se interroga sobre a utilidade da confissão e a atitude a ser adotada, atualmente, diante dela?

Antes de mais, a primeira pergunta: Será que a confissão é necessária?

Convém saber que a confissão, tal como você a evoca, data do século XVI! Na origem, as pessoas não se confessavam. Muitos santos – por exemplo, Santo Agostinho – nunca se confessaram durante sua vida! Na Igreja primitiva existia o que se chamava os "pecadores públicos". Se alguém cometia um crime ou coisa parecida e o reconhecia como ato prejudicial para a sociedade, essa pessoa confessava seu ato diante de todo o mundo.

Você tem razão de lembrar a ambiguidade da palavra *confissão*, já que falamos também de Máximo o Confessor, no sentido em que ele "confessou" sua fé e morreu como mártir!

Confessar é dizer o que se é, é confessar tal como se é. É o estado de confissão; e, nesse estado, algumas vezes, falar dos atos que se possam ter praticado ou provocado. Essa confissão situa-se em um caminho de retorno. O que se chama confissão, assim como a palavra *penitentia* – fazer penitência ou a conversão –, significa voltar do que é contrário à natureza para o que lhe é próprio.

Fazemos penitência porque estamos afastados de nossa verdadeira natureza. Lembre-se da palavra *hamartia* (em grego, "pecado") que significa "visar ao lado do alvo", "estar ao lado de si mesmo", perder seu eixo. Fazer penitência é voltar para o eixo, é confessar que nos afastamos de nosso ser essencial, que nos afastamos do amor, da beleza. Existe, realmente, nessa confissão um movimento de retorno, de retorno ao Ser essencial. Eis a razão pela qual – principalmente na Idade Média – as penitências eram, quase sempre, peregrinações, a fim de ser simbolizado no espaço o movimento de retorno ao centro. Em particular, a peregrinação ao labirinto de Chartres fazia lembrar que, através de todos os meandros de nossa vida, era necessário reencontrar o centro.

Portanto, é evidente que a confissão em um "armariozinho", que data dos últimos séculos, não tem nada de tradicional. Aliás, não existem confessionários na Igreja Ortodoxa, uma vez que ela não reconhece a confissão nesse sentido.

Em compensação, podemos acolher o ser que empreende o caminho de retorno, que está voltando a si mesmo, que volta para o Cristo, que volta para a Luz depois de se ter afastado dela e pede o Espírito ao Cristo. Em geral, tal prática efetua-se diante do ícone do Cristo.

Quando nos confessamos (e trata-se de um ato de grande nobreza podermos nos confessar assim como somos na presença de alguém que nos ama), o padre está presente para confirmar a qualidade do Ser diante do qual nos colocamos e que é o único capaz de nos perdoar. "Se teu coração te condena, Deus é maior do que teu coração", eis a palavra proferida pelo padre. Assim, este lembra ao homem que ele não é seu próprio juiz.

Uma vez mais, como afirmava Paul Ricoeur: "O homem contemporâneo não tem consciência maior do que sua própria consciência". É a razão pela qual o homem contemporâneo vive com má consciência, com sentimento de culpa.

O papel da religião – justamente da confissão – consiste em fazer lembrar que há em nós uma consciência mais ampla do que nossa própria consciência, uma consciência mais ampla do que nossa má consciência; em seguida, deve colocar-nos diante dessa consciência a fim de nos livrar do sentimento de culpa que nos impede de agir. Mas isso pressupõe também, por parte daquele que deseja livrar-se desse sentimento, a prática de atos de reparação. Neste espírito, a confissão não é, de modo algum, um ato passivo.

O confessor poderá dizer: "Você cometeu um crime; convém que isso não seja esquecido. Você terá de arcar com as consequências, assumi-las. Mas você não é apenas um criminoso! Você mentiu, mas não é apenas um mentiroso. Você me enganou, mas você poderá também ser fiel a mim..."

Não podemos confinar o outro nas consequências de seus atos.

O tema da confissão é tão lindo que é realmente pena transformá-lo em discussão sobre confessionários onde são contadas histórias de insignificantes sentimentos de culpa, de pecadilhos de sexo, que acabam azucrinando a vida das crianças e dos adultos!

Eis a razão pela qual nunca falarei a meu filho para se confessar... Em compensação, dir-lhe-ei que tenha consciência do que faz porque, se estiver realmente consciente de seus atos, saberá que, em determinados momentos, suas atitudes podem não ser adequadas. Todavia, mesmo que seus atos não tenham sido adequados, nem por isso ele será considerado um vadio... com a condição de ter a coragem de reconhecer suas ações.

A grandeza consiste em reconhecermos nossas faltas – trata-se de uma grande nobreza. Os cafajestes não sabem que eles o são porque não se reconhecem como tais!

Direi a meu filho: "Você é como eu... pode, portanto, executar más ações... Mas, se você for lúcido, se estiver consciente, você saberá reconhecer-se como autor de tais ações e, igualmente, saberá confessá-las. Confessá-las, como você pode confessar seu amor a Deus ou seu amor por um ser humano, por uma mulher ou por um amigo... Quando você consegue dizer o que tem no coração, além de manifestar o que há de luz, você estará revelando o que há de trevas.

No entanto, ao adotar tal procedimento, fique sabendo que você não é apenas trevas, assim como não é apenas essa luz. E, nesse dia, faço votos para que venha a encontrar alguém que o leve a lembrar o que o Cristo vivenciou, o que Ele disse, o que está escrito no Evangelho: "Se teu coração te condena, Deus é maior do que teu coração".

Em todo o caso, no que me diz respeito, essa é a palavra que eu gostaria de ouvir no momento de minha morte... Esse é o momento em que as pessoas têm verdadeira necessidade de se confessarem.

Mesmo aquelas que nunca se tenham confessado?

Sim, porque nesse momento já não temos necessidade de mentir.

O medo é a razão para tomar essa atitude?

Não, de modo algum. Mas, ao nos aproximarmos da Verdade, já não suportamos a mentira. Estou pensando em um pastor que, no momento de sua morte, disse-me que não acreditava em

Deus, que nunca tinha acreditado em Deus! E, no mesmo instante em que fazia tal afirmação, ele reencontrou a fé.

Esse é o momento da verdade. À beira de nossa morte, já não temos necessidade de mentir. Lembro-me, igualmente, de um homem considerado por todos nós como um poço de virtudes e que, antes de morrer, me disse: "Preciso lhe falar uma coisa. Não sou a pessoa decente que todo o mundo pensa... Dei um golpe vergonhoso em minha mulher; desviei dinheiro etc." E, no mesmo instante em que confessava suas más ações, alguma coisa em seu corpo se descontraiu e ele pôde morrer em paz. Eis o que chamo estado de confissão: é o estado do *sim*.

Somente, como dizíamos anteriormente, não devemos mostrar nossa fraqueza a não ser a alguém que não irá tirar proveito disso para afirmar sua força. Só podemos mostrar nosso pecado, nossas trevas, nossa covardia, nossa mentira, nosso vício, a alguém que não irá tirar proveito de tudo isso para nos enterrar ainda mais nesses nossos defeitos. Não devemos mostrar essas más ações diante de um juiz...! Só devemos mostrar tudo isso diante da cruz, diante de alguém que tem um olhar de criança e nos ama como somos. Não para nos dizer que o que somos está bem... Jesus não disse à mulher adúltera que o que ela fazia era bom, mas afirmou-lhe: "VAI"...

Sem legitimar um ato injusto, será que essa atitude consiste em lembrar ao homem que, até mesmo por meio do ato injusto, ele é sempre capaz de fazer alguma coisa boa?

Isso mesmo. Ele é capaz de não se deixar confinar nas consequências nefastas de seus atos. Há nele a possibilidade de não se identificar com seu carma, com o encadeamento das causas e dos efeitos.

De fato, não deveríamos nos identificar com nosso lado anjo, nem com nosso lado animal, já que somos as duas coisas...

Exatamente! Então, em última análise, o que é realmente a confissão? É dizermos a verdade a nós mesmos... na presença de outra pessoa.

Mas por que justamente na presença de outra pessoa?!

Porque esse outro desempenha o papel do *Self.* Assim, o Eu fala ao *Self.* Eis a razão pela qual o padre nada tem a ver com isso; aliás, o que se lhe pede é que esqueça, que não ouça o que ouve! Ele está presente para ser a testemunha do *Self,* neste caso, o padre é alguém capaz de ouvir tudo como o próprio Ser.

Dito isso, aqueles que não têm necessidade de médiuns, de mediadores, podem muitíssimo bem confessar-se diretamente a Deus. Não há nenhuma necessidade absoluta de mediadores, como não há nenhuma necessidade de que Deus se encarne... No entanto, aprouve a Deus passar pelo homem para salvar o homem. Do mesmo modo que aprouve a Deus, quando Ele ama uma mulher, passar por um homem... E esse homem será, então, o sacramento do amor, ele será o corpo de Deus.

Eis a razão pela qual, da mesma forma, esse homem será o perdão de Deus, a Palavra de Deus que, nos ouvidos humanos, está presente para ajudar-nos a compreender o que está para além de qualquer ouvido, para além de todas as palavras.

Será que aprouve a Deus, igualmente, quando Ele ama um homem, passar por uma mulher?

Sim, com certeza! A prova é que, para encarnar-se, Ele passou por uma mulher. Passou por Maria. Se Maria não lhe tivesse dado seu sangue, suas entranhas...

Mas, na religião católica, Maria não será a única mulher a ser considerada como pura?

Sem dúvida... Mas isso nada tem de católico! Trata-se de um católico neurótico, mas não de católico cristão!!! Dizer ou pensar isso tem a ver com um catolicismo neurótico, mas não é o pensamento de Deus. Para Deus, é o amor que purifica tudo.

De fato, o único pecado seria simplesmente não amar?

É evidente... O único pecado é negar o ser. No entanto, mais ainda do que o único pecado, eu diria que esse é o único sofrimento. Apesar da fama que ganhou a frase de Sartre: "O inferno são os outros", aprecio sobremaneira a resposta de Bernanos: "O inferno é não amar".

Efetivamente, se não amamos os outros, a situação torna-se infernal! O próprio Deus será infernal se não o amarmos!

Se não o amarmos, Deus há de tornar-se o diabo...

O grande sofrimento é não amar. Por isso, é criminosa a atitude de certos cristãos ao acrescentarem o sentimento de culpa a um sofrimento. Quando alguém vem confessar-se e diz: "Eu não amo...", não convém enterrá-lo ainda mais nessa negação; pelo contrário, devemos responder-lhe: "Hoje, você não está conseguindo amar; mas, um dia, acabará descobrindo o amor..."

Nós não sabemos amar; amamos mal. Amamos como se fôssemos animais ou anjos (o que é, nos dois casos, um erro porque continuamos não amando como seres humanos...). No entanto, chegará o dia em que haveremos de descobrir o amor.

Confessar-se é também apresentar-se diante do Cristo e declarar-lhe: "Muito bem! Hoje, eu não te amo! As coisas não estão correndo bem... Deixei de acreditar em ti... Socorro! Envia-me teu Espírito, envia-me teu Sopro..."

Isso não será ainda um paradoxo? Como é que podemos deixar de acreditar em Deus e pedir-lhe sua ajuda, seu Espírito?

Ah... sim, ainda um paradoxo! Não acredito em Deus... graças a Deus!

12
O mistério da felicidade

Em uma carta enviada ao amigo Olímpias, João Crisóstomo escreve: "A felicidade não está na natureza das coisas, mas reside no pensamento dos homens". Será que se deve compreender que, por não existir em si mesma, a felicidade continua sendo um produto do pensamento humano? Produto imaginário e, por conseguinte, inacessível, irrealizável?

Conviria, em primeiro lugar, situar a felicidade em relação ao prazer, em relação à alegria, em relação à beatitude.

A reflexão de João Crisóstomo é apropriada porque coloca perfeitamente a felicidade no plano do psiquismo.

O prazer é a participação do corpo na beatitude.

A felicidade é a participação psíquica na beatitude.

A alegria é a participação noética na beatitude.

Por sua vez, a beatitude é a consciência de ser que se apreende a si mesma.

João Crisóstomo diz claramente que a felicidade não se encontra nas coisas, mas em nossa forma de apreendê-las; e é nesse aspecto que ele situa muitíssimo bem a felicidade no plano psíquico. Todos nós conhecemos pessoas que nada possuem no mundo dos objetos para serem felizes e que, no entanto, dão testemunho de uma certa alegria.

A questão torna-se, então, a seguinte: Como sermos felizes quando não há nenhum objeto que provoque nosso prazer?

Podemos ser felizes sem termos prazer, como podemos ter prazer sem sermos felizes... O mundo do prazer pertence, realmente, ao mundo dos corpos, enquanto o mundo da felicidade não faz parte do mundo dos espíritos, mas do mundo do afeto, da emoção, do sentimento. É por isso que a felicidade é um estado frágil. Em compensação, para vivenciar a alegria, que é noética, basta simplesmente saber que o ser é o que ele é.

Podemos viver a alegria com ausência de prazer, sem sermos felizes, porque temos, apesar de tudo, esta visão do que é... e nos regozijamos com isso.

Todavia, esta visão hierarquizada do que se pode chamar "planos de felicidade" apresenta um certo perigo: o de menosprezar o prazer, a felicidade afetiva ou relacional, assim como o de relativizar a alegria, já que esta depende da contemplação, de um estado de vigília do nous, da inteligência intuitiva do ser humano em sua relação com o que é.

É necessário, portanto, insistir sobre o fato de que o prazer é uma participação corporal na beatitude.

Agora, a segunda questão é a seguinte: Como introduzir beatitude em nosso psiquismo? De que maneira transformar a felicidade não em uma felicidade dependente das circunstâncias (do que nos acontece, do que nos agrada), mas em um estado de consciência que perdure, sejam quais forem os acontecimentos?

É o que chamarei a "felicidade não dependente". Psiquicamente, não estou certo de que isso seja possível porque o psiquismo manifesta-se sempre na interação com o que nos rodeia (o estado do tempo, nossa saúde, as pessoas que encontramos). Portanto, não estou certo de que, do ponto de vista psíquico, possamos permanecer felizes, já que nosso psiquismo é feito por essas alternâncias, por essas impermanências.

No entanto, quando, pelo *nous*, pela contemplação, nos instalamos na visão, na apreensão ou na intuição do real, creio que então é possível sermos felizes em todas as circunstâncias.

Talvez nesse aspecto possamos falar de alegria...

Mas, infelizmente, tudo isso não passa de palavras cuja significação não é bem conhecida, como também não são conhecidos os estados de consciência correspondentes. Todavia, o ser humano tem, nesse ponto, a possibilidade de conhecer a felicidade; aliás, algumas pessoas dão testemunho dessa vivência, já que, no âmago de circunstâncias infelizes, elas são felizes!

Portanto, a felicidade não se encontra nas coisas, nos objetos ou nas relações, mas na adesão do coração e da inteligência ao Ser que nos informa, e informa realidades nem sempre agradáveis, que não proporcionam prazer nem felicidade psíquica e que, no entanto, são (e têm o direito de ser) o que elas são.

João Crisóstomo situa-se nessa perspectiva. Aliás, com a evocação de seu nome, ocorre-me também o que me dizia um patriarca copta, o Papa Shenuda: "Coloquem poeira em um copo de água; esta fica turva. No entanto, se lançarem poeira no oceano, este não ficará turvo". O oceano, o copo de água... essas são imagens de nosso próprio coração. Então, como transformar nosso coração em um oceano para sermos capazes de acolher as poeiras do mundo sem sermos perturbados por elas? Não será que, na maior parte do tempo, nossa felicidade acontece em um copo de água? Como ampliar em nós essa capacidade de felicidade? Haverá – por exemplo, nas tradições – algumas indicações nesse plano?

Estou pensando na tradição estoica na qual o que se pede a Deus é que nos livre dos males físicos; quanto aos outros males... podemos nos ocupar deles! Entre os estoicos, assim como em João Crisóstomo, a felicidade é, portanto, realmente uma capacidade do espírito, um certo olhar sobre as coisas, sejam elas quais forem. Mas, de forma mais profunda, creio que a felicidade é essa aquiescência ao Ser, encontra-se no abandono ao que é e, sobretudo, na confiança. Nesse aspecto, a felicidade torna-se uma manifestação da fé e da confiança fundamental.

A esse propósito, seria interessante ver o que nos diz o Sermão da Montanha, justamente chamado As Bem-aventuranças.

Para um hebreu, a infelicidade é ficar imobilizado; é ser identificado com seus sintomas, com seu sofrimento. A palavra do Cristo em As Bem-aventuranças poderia ser interpretada no sentido em que Ele nos convida a nos colocarmos em marcha.

Em marcha através de nossas lágrimas, através de nossa sede, de nossa fome de justiça. Em marcha através dos lutos que temos de superar.

O Cristo nos convida a vivenciar uma felicidade que está em marcha. A felicidade nada tem a ver com a complacência, com a fixação em um estado particular. Com efeito, se nos detivermos em uma forma de felicidade, essa forma de felicidade tornar-se-á sofrimento no preciso momento em que ela vier a nos fazer falta.

A essência da felicidade à qual seríamos convidados nessas bem-aventuranças encontra-se no âmago da impermanência dos prazeres mutáveis, já que dependentes do mundo dos estados de ânimo, dos sentimentos, das projeções, das memórias projetadas sobre os acontecimentos.

Somos convidados a reencontrar esse movimento porque a felicidade estaria nele, nessa adesão à impermanência. Em seguida, no âmago da impermanência, apreender a própria essência do movimento que é a vida. Esta vida que é mutável...

Não estamos, talvez, longe da felicidade dos estoicos, mas há alguma coisa de maior: trata-se de amar o que nos acontece, de passar de uma vida suportada para uma vida plenamente assumida.

Na aceitação do que nos acontece, na aceitação do que não pudemos escolher, há um poder de transformação. A frase de Woody Allen que já evocamos: "A vida é uma doença mortal sexualmente transmissível", consta também do Coélet; trata-se de uma palavra de qualquer rabino lúcido... do neto de rabino como é, justamente, Woody Allen. No entanto, a essas palavras poderíamos acrescentar que a vida não é somente uma doença mortal, mas também um exercício evolutivo para aprendermos a transformar esta vida não em uma provação, mas em uma ocasião. Trata-se de aprender a exercitar o sentido da ocasião.

Uma doença, um sofrimento, podem ser uma ocasião de felicidade. Não de uma felicidade qualquer, mas de uma felicidade de consciência, de uma felicidade de compreensão.

Eis o que nos aproxima justamente da alegria porque, afinal de contas, não temos a felicidade que merecemos, mas a felicidade que desejamos. Ocorre que, se esta se situa no plano dos corpos, em vez de felicidade, vamos utilizar a denominação de busca do prazer.

A felicidade de que estamos falando vem do psiquismo; trata-se de uma felicidade noética, ontológica. A felicidade de uma consciência que transforma tudo o que lhe acontece em ocasião de crescimento, em ocasião de evolução.

Se a doença mortal, que é nossa vida, é sexualmente transmissível, então o exercício evolutivo – a ocasião de sermos felizes apesar de tudo e contra tudo – é espiritualmente transmissível ou, ainda, amorosamente, amigavelmente transmissível; ou seja, pode ser transmitido através da educação. Podemos ensinar nossos filhos a serem felizes a partir das infelicidades que lhes acontecem.

Eis, efetivamente, um paradoxo... E, no entanto, é evidente!

Evidência descrita por João Crisóstomo quando este afirma que, na mesma situação, certas pessoas podem tornar-se infelizes, confinarem-se nelas, destruírem-se, enquanto outras transformam-na em uma oportunidade, em um exercício. É sempre uma provação, mas o movimento, a evolução que a teria induzido é verdadeiramente uma fonte de grande felicidade. A história de Zorba, o Grego, é uma ilustração do que acabo de afirmar... No momento em que a obra de sua vida (essa mina em que comprometeu todo o seu coração, todo o seu dinheiro) desmorona, no momento em que ele poderia ser fulminado pelo que lhe acontece, Zorba põe-se a dançar! Em seguida, profere esta magnífica afirmação: "Que maravilhosa catástrofe!"

É claro, nunca deveríamos fazer tal afirmação em lugar da pessoa envolvida; essa frase só terá verdadeiro sentido se a vivenciarmos nós mesmos. Mas, nesse aspecto, encontra-se a vitória da felicidade, a vitória da dança sobre a queda. No próprio âmago da queda, alguma coisa em nós se revela... e dança!

Você sente perfeitamente que essa felicidade não tem nada mais de psíquico. Essa felicidade emerge do que, em nós, leva a dançar os átomos, leva a dançar os mundos. É exatamente nesse instante trágico que Zorba apreende em si um amor invencível, uma felicidade invencível, e esse absurdo torna-se então para ele a ocasião de uma revelação. A revelação de que, efetivamente, a morte, assim como a bobagem, a violência ou o absurdo não terão a última palavra. O amor é mais forte do que a morte, mais forte do que todos os absurdos.

Em alguns momentos, é-nos oferecida, portanto, a oportunidade de dançarmos em cima dos escombros, de dançarmos na fossa. E, mesmo que nossas asas estejam emaranhadas, conseguimos alçar voo. O voo que nos conduz do prazer dos corpos não só para a felicidade do psiquismo em direção à alegria da inteligência que está vigilante, mas também ao alçar voo: revelação da beatitude que nós somos.

Essa mesma beatitude evoca a música de Bach: "Que minha alegria permaneça". É, igualmente, a promessa feita pelo Cristo aos discípulos: "Eu vos dou minha paz, mas não como o mundo a dá". Ou seja, eu vos dou minha alegria, alegria que não depende das circunstâncias. Trata-se da alegria que permanece, da alegria de saber que o outro é o outro e que nada nem ninguém poderá nos retirar o Totalmente Outro. Ele é o que Ele é, e nós somos o que somos.

Ele em nós, e nós nele...

Raras são as pessoas que procuram a verdadeira alegria; e esse número ainda é menor se falarmos de beatitude. Em compensação, são numerosas as que estão em busca da felicidade. Somente, o sentido dessa busca permanece confuso. A noção de felicidade é, às vezes, de tal modo imprecisa, incompreensível, que podemos ter a impressão de avançar em uma busca absurda: a de um estado que não existiria!

Suas afirmações sobre a felicidade (que deve ser sem dependências) fazem-me lembrar esta palavra de Angelus Silesius: "A rosa floresce sem qualquer motivo".

Como é que o homem que não pretende conseguir alegria nem beatitude, mas apenas uma simples felicidade, poderá compreender essas palavras? Será que existe uma definição simples e adequada da felicidade?

Da mesma forma que, à força de procurarmos a paz, acabamos perdendo o repouso; à força de procurarmos a felicidade, nunca chegamos a ser felizes!

É claro que frequentemente a "busca" da felicidade é justamente o que nos impede de sermos felizes porque procuramos a felicidade sob uma forma precisa demais: a felicidade deve ser isto ou aquilo, a felicidade é estar com você; a felicidade é ser rico... etc.

A felicidade está identificada com as imagens que temos dela, com seus efeitos, com seus objetos. Como já afirmamos, identificamos o sujeito desejante com os objetos do desejo... Tudo está misturado!

Um trecho do Evangelho diz: "Procurai, em primeiro lugar, o Reino e o resto vos será dado por acréscimo". A felicidade é justamente o que nos é dado por acréscimo! Razão pela qual, se a procurarmos em primeiro lugar, nunca chegaremos a encontrá-la, já que se trata de um epifenômeno!

Eis por que, finalmente, a felicidade em si mesma não é interessante...

Será que podemos reencontrar o sentido profundo da palavra *felicidade*?

Trata-se de uma linda palavra... é a "boa hora"[15]. Dizer: "Procuro a felicidade" é projetar para fora uma certa emoção, uma certa realidade, uma certa relação. Estamos, então, submersos na projeção.

A felicidade é consequência e não objetivo! É efeito e não causa, na medida em que é algo psíquico. Portanto, antes de tudo, trata-se de procurar o Ser, o Centro, o Princípio... de procurar o Oceano. Nesse momento, nessa capacidade do Ser reencontrado, nessa aquiescência ao Ser reencontrado, a felicidade nos é dada por acréscimo.

A etimologia da palavra felicidade é muito significativa. Como já indiquei com precisão, é a "boa hora"; trata-se de estarmos na hora certa, de estarmos presentes onde estamos!

A infelicidade[16] é justamente não estarmos presentes... onde estamos! Há duas maneiras de viver o tempo: o presente e o ausente.

Seria necessário devolver à palavra felicidade[17] sua dimensão feminina (a boa hora) que é uma forma de esposar o instante. Esse é o verdadeiro sentido do *kairos*: do mesmo modo que, no domínio do espaço, temos o *chaos* que poderá tornar-se *cosmos* se for informado pelo *logos*, assim também, no domínio do tempo, poderíamos dizer que há o *chronos* (o tempo que devora); nesse caso, se deixarmos esse tempo, essa hora que estamos vi-

---

15 No original, *bonne heure* (*heure* é substantivo feminino). Da contração desses dois termos se forma a palavra *bonheur*, "felicidade" [N.T.].

16 No original, *malheur*, contração de *male heure*, "má hora" [N.T.].

17 Em francês, *bonheur* é um substantivo masculino [N.T.].

vendo, ser informado pelo *logos*, o *chronos* torna-se-á, então, um *kairos*, ou seja, o instante favorável, a ocasião favorável. Dessa maneira, a má hora, a hora perdida, o tempo perdido, tornar-se-á a "boa hora".

A felicidade é reencontrarmos em nós a capacidade para amar, porque tudo o que fazemos sem amor é tempo perdido, é feito em má hora, é uma infelicidade... Enquanto tudo o que fazemos com amor é a eternidade reencontrada, a boa hora reencontrada; desse modo, a felicidade nos é dada por acréscimo.

A felicidade é como um fruto do amor, mas não é sua seiva. No entanto, na fórmula "sem qualquer motivo", evocada por você, estamos próximos dessa seiva. Talvez, desde a escola, deveríamos aprender a ser felizes por nada; a nos sentarmos, todos os dias, durante cinco minutos e oferecer-nos cinco minutos de felicidade *por nada*! Eis uma forma de introduzir a eternidade no tempo, a boa hora no tempo. Uma forma de introduzir, nesse espaço-tempo, amor, "sem qualquer motivo", gratuidade. Ora, desejamos certamente ser felizes, mas temos necessidade de uma razão para isso!

Você não pensa que, em nossa sociedade, se alguém disser que é feliz "por nada", será considerado louco? Ou, melhor dizendo, será considerado bêbado, drogado e, em todo o caso, uma razão será procurada, exigida!

Sim, é claro... Temos sempre necessidade de uma causa! Vivemos no mundo da causalidade, da lei da causa e efeito...

Viver alguns instantes de felicidade, sem qualquer motivo, é verdadeiramente entrar no mundo do não espaço-tempo, no mundo da eternidade. Eis a razão da afirmação de Jesus: "Meu Reino não é deste mundo..." O que reina no mundo é o "por quê?", o "porquê"... Enquanto, nos instantes de felicidade, entramos no mundo do "sem qualquer motivo" que não é deste mundo; entramos no mundo da gratuidade. Sou feliz sem causa, por nada...

Em um de seus livros, você afirma que devemos "ser felizes pelo fato de existir alguma coisa, em vez de nada". Será isso a felicidade sem causa?

Nessa circunstância, estaríamos submersos, de preferência, no que chamaríamos a alegria que mantém um vínculo com o deslumbramento. Sim, podemos ser felizes pelo fato de existir alguma coisa, em vez de nada, seja isso agradável ou desagradável; nesse aspecto, estamos submersos no plano ontológico. Mas, ainda existe um estado acima...

Essa felicidade existiria sem qualquer motivo, mas não sem causa, é isso?

Sim... e, nesse aspecto, a causa é o próprio Ser. Trata-se realmente de alegria, já que a alegria é uma felicidade oferecida à inteligência quando esta vislumbra o Ser nos seres, sejam eles agradáveis ou desagradáveis... pois se trata de alegria ontológica.

Mas a beatitude ainda se encontra além...

De maneira geral, não é verdade que se define a alegria como uma espécie de exultação passageira, enquanto a felicidade seria um estado mais permanente?

É isso mesmo, mas trata-se de uma antropologia equivocada porque a alegria recaiu no plano da emoção. Confundimos alegria e felicidade. De qualquer maneira, para o homem de nossos dias, prazer, felicidade, alegria e beatitude estão completamente misturados!

Quando procuro estabelecer uma distinção entre essas palavras, tento colocar em evidência os diferentes espaços no homem que apreendem o real. Quando o homem apreende o real com seu corpo, haverá prazer ou desprazer; ao apreender o real com seu psiquismo, ele poderá ter felicidade ou infelicidade; e, desde que o apreende com seu espírito, ele poderá estar submerso nessa alegria da intuição do real, ou nessa tristeza, nessa nostalgia.

Por sua vez, a beatitude é a apreensão do real pelo *pneuma*; a adesão ao Ser tal como Ele é, Causa de tudo o que existe, mas também a adesão ao Ser para além da causa... para além do que podemos afirmar a seu respeito, para além do que possamos pensar sobre isso.

A beatitude é da ordem da vacuidade.

Assim, quando nos aproximamos da beatitude, a repercussão psicológica dessa experiência é o que se chama a felicidade não causada, não causal: o "sem qualquer motivo" evocado por Silesius. Mas, nesse caso, trata-se realmente de um fruto da experiência mística.

Você acaba de declinar diferentes estados e seus contrários (prazer/desprazer, felicidade/infelicidade, alegria/tristeza). Será que não existe o oposto da beatitude?

A beatitude tem justamente a singularidade de existir sem contrário. Ela integra os contrários. Para um ser submerso na beatitude, os diferentes estados – prazer/desprazer, felicidade/infelicidade, alegria/tristeza – são para ele ocasiões de tomada de consciência. Estamos em outro plano... no plano ao qual havia chegado a Bem-Amada no Cântico dos Cânticos quando ela era capaz de afirmar: "Desperta, vento norte (bórea), aproxima-te, vento sul (simum), soprai no meu jardim".

Você sabe que o bóreas é um vento frio, gelado, enquanto o simum é um vento escaldante que resseca, mata. Esses dois ventos são contrários, mas tal ocorrência não tem importância para ela! Para a Bem-Amada, o essencial é que o outro seja, que o Ser exista... E que Ele sopre, respire em seu jardim.

Essa é a verdadeira experiência espiritual. Tenhamos ou não consciência disso, desde que haja esse *Pneuma*, esse Sopro da vida, nada mais tem importância! Que importância pode ter o prazer/desprazer, a felicidade/infelicidade, a alegria/tristeza, uma vez que minha beatitude contém e ama esses contrários?!

Ela os ama como se fossem manifestações coloridas, diversas, do Ser.

13
Homem... Onde estás?

Desde o começo dos tempos, uma questão singular é formulada, com uma força inaudita, a todos nós. Tal questão está, inclusive, consignada no texto do Gênesis desta forma: "No jardim, ao sopro da tarde, o Senhor Deus chamou o homem e perguntou-lhe: 'Onde estás?'"

Será que você aceita responder a essa pergunta?

Em primeiro lugar, podemos observar que, na Bíblia, Deus formula questões e não fornece respostas. Deus é a questão para nossas respostas e não a resposta para nossas questões. No entanto, Ele formula questões pertinentes. Ele poderia ter perguntado a Adão: "Quem és tu?", o que conduziria o homem a interrogar-se incessantemente sobre sua identidade. Mas a questão de YHWH – o Ser que fala no sopro da tarde, no sopro do instante que anima qualquer homem – é: "Onde estás?" para que nossa questão a nós mesmos se torne: "Onde estou?"

É também a questão formulada pelos discípulos a Jesus: "Rabi, onde moras, onde estás?" E Jesus respondia: "Vinde... e vede". De fato, Ele não dava uma verdadeira resposta... Ou, mais exatamente, respondia com o convite para a marcha.

É caminhando que a resposta é descoberta. Deus dirá também a Abraão: "Anda na minha presença e torna-te perfeito"; ou seja, verás realmente quem Eu sou ao andares comigo... Talvez por isso a resposta que Deus espera do homem seja a seguinte: "Eu estarei contigo onde quer que Tu estejas, sejas Tu quem fores, o importante é que eu esteja contigo".

O cristão não é alguém que "tem" a verdade, alguém mais inteligente, mais amante do que os outros. O cristão não é melhor do que um outro homem, mas tem *alguém* em sua vida. Tem o Cristo, aquele que sopra no sopro de cada um de seus dias. Mas, mesmo que o receba como um beijo, como uma presença, não é por isso que o cristão é melhor... Ele poderá ser melhor somente porque *alguém* de melhor marcha com ele, está nele!

"Adão, onde estás?"

O argiloso, a poeira... a matéria, onde está ela?

É, igualmente, uma boa questão para um físico porque ele responderá justamente que a matéria não está presente! Isso faz parte das evidências paradoxais: a matéria não existe. Quanto mais a observamos, tanto mais ela nos escapa. Descobrimos que a matéria não é compacta; trata-se de energia.

Mas o que é a energia? Onde está a energia? A energia está no pensamento, em um amplo pensamento um tanto impreciso, conforme dizem algumas pessoas...

E o pensamento, onde está? De onde vem? Eis que... estamos nos aproximando de um abismo!

Ao formularmos a questão: "Onde estou?", descobrimos que estamos em cima de um abismo! Nós mesmos somos esse abismo... No entanto, esse abismo pode tornar-se acolhimento, presença ao presente, em seu Sopro de cada dia que está presente como nosso pão cotidiano... nosso alimento sem o qual não poderíamos ficar de pé.

Portanto, os discípulos marcharam em companhia do EU SOU.

Sabermos onde estamos é aproximarmo-nos desse EU SOU que é, do Sujeito que somos. Um sujeito desembaraçado de seus objetos, de suas imagens, de suas memórias com as quais ele se identifica.

"EU SOU" é a resposta de Deus a Moisés quando este lhe pergunta: "Onde estás? Qual é o teu nome? Quem és tu?" E, neste lugar, na sarça, na sarça da humanidade espinhosa com a qual ele próprio se identificava, a Chama do presente responde-lhe: "EU SOU".

Este EU SOU, de novo, é um movimento. A propósito do homem que nasceu do Espírito, Gregório de Nissa dizia: "O sinal seguro de que estamos avançando no bom caminho é que não sabemos para onde vamos".

Do ponto de vista psicológico, essa afirmação não tem sentido porque, psicologicamente, psiquicamente, é importante sabermos de onde viemos e para onde nos dirigimos! Sabermos que viemos de um buraco e vamos voltar para outro buraco, eis o que é uma evidência! Não sabermos para onde vamos, mas, desta vez, em um sentido espiritual, esse é o significado do que nos afirma Gregório de Nissa. Este, afinal, limita-se a comentar a palavra de *Yehoshu'a* a Nicodemos: "Todo homem que nasceu do Espírito não se sabe de onde veio, nem para onde vai". É como o vento: ouve-se o farfalhar das árvores, das folhas, mas não é possível enxergá-lo. Não se sabe de onde vem, nem para onde vai... E, no entanto, ele está presente!

Há balbucios, frêmitos que confirmam a Presença.

"Onde estás?"

O espírito em nós poderá responder: "Não sei"; ou, então: "Estou no sopro do dia". Estou no vento que me transporta, que me arrasta. No entanto, não sou uma folha morta, passiva, arrastada. Pelo contrário, sou um ser vivo que adere a esse Sopro; que enlaça esse Sopro e se deixa enlaçar por Ele. Sou um ser que passa.

"Onde estás?"

Nesse ponto, vamos ao encontro de uma das respostas possíveis fornecidas à questão, cujo eco podemos encontrar no Evangelho de Tomé: "Eu sou passante". Estou de passagem, limito-me a formar uma só coisa com Aquele que passa em mim. Sem saber para onde Ele me conduz, para onde Ele me leva.

Mas isso tem pouca importância, já que o objetivo não é um espaço... Não venho de alguma parte para me dirigir a outra parte, mas venho de *alguém* e vou em direção de *alguém*.

Ser é estar junto de *alguém*; é estar com Ele.

Nesse sentido é que Jesus afirmava: "Eu venho do Pai e volto para o Pai". Todo homem que nasceu do Espírito, não se sabe de onde vem, nem para onde vai porque não se trata de espaços, não se trata de percursos horizontais, mas de Presença a ser mantida, de Sopro a ser respirado.

Venho do Abismo, do Sem Nome, do Silêncio de onde vem a inspiração e para onde volta a expiração.

E... para onde vou?

Vou para aí mesmo de onde vim; exatamente de onde vem a inspiração e para onde vai a expiração. Dirijo-me para esse Silêncio entre a inspiração e a expiração...

Não se trata simplesmente de palavras, mas de uma experiência. É a experiência daquele que está à escuta de onde vem o Sopro do dia e para onde volta o Sopro do dia.

Assim é que posso compreender a palavra do grande sábio Ramana Maharshi a quem foi formulada a seguinte pergunta: "Depois da morte, para onde irá o senhor?" Como estivéssemos à espera de ouvir alguns detalhes sobre a vida depois da morte, sobre as vidas anteriores ou posteriores, ele respondeu com seu belo sorriso, com seu olhar de eterna criança: "Eu vou para onde sempre estive..."

É isso mesmo... Nós viemos de onde sempre estivemos, nós vamos para onde sempre estivemos...

Mas onde estamos?

Será que estamos na própria origem do Sopro, na própria origem da consciência, do pensamento, na própria origem do Amor? Conservarmo-nos na origem é estarmos lá, no instante que nos faz nascer e nos faz morrer; no instante que contém o nascimento e a morte.

Assim, pela última vez: "Onde estás?"
Eu estou contigo.
Eu estou no Sopro que Tu me dás.
Eu estou à escuta de onde me chega o Sopro
e para onde volta o Sopro.
Aí, desde toda a eternidade... Eu sou/estou.

14
O âmago do ser é indefinido

Quando você afirma que "o âmago de cada ser é indefinido", você toca em uma noção fundamental, suscetível de nos ajudar a compreender melhor as ações e as reações do ser humano. Todavia, essa noção é, por um lado, difícil de compreender, mas sobretudo bastante desestabilizante. Não gostamos do que é indefinido, o homem tem medo do indefinido... Por quê?

O homem tem horror do indefinido porque tem horror do que não pode apreender, do que não pode possuir, do que não pode apropriar-se. Quando dizemos que o âmago do ser é indefinido, convém, em primeiro lugar, lembrarmo-nos de que se trata de uma afirmação do cientista que pretende deixar de ser um cientificista. O caráter próprio do cientificista consiste em definir a matéria ou, antes, definir o que ele apreende da matéria, como se isso fosse o real da matéria.

No entanto, o indefinido é o real. E o homem tem horror da realidade. Ele prefere suas ideias sobre a realidade, suas emoções diante dessa realidade, mas o próprio real, no aspecto em que este sempre lhe escapa, torna-se para ele uma experiência insuportável.

Nesse sentido, no plano da experiência cotidiana, é que podemos dizer que "o âmago do ser é indefinido". Ou seja, que ele nos escapa, que não podemos apreendê-lo, defini-lo, codificá-lo ou confiná-lo.

Então, partamos do começo. Quando um físico observa a matéria, ele sabe, a partir das recentes descobertas da física quântica, que essa matéria é, ao mesmo tempo, ondas e partículas. Ela está presente, podemos apreendê-la, tocá-la, sua dimensão é partícula mensurável, analisável; e, ao mesmo tempo, ela é onda, portanto, não localizável. Assim, em um mesmo instante, posso dizer: sou e não sou! Existo e não existo! Estou presente e não estou presente! Isso não é poesia nem metafísica, mas física!

O âmago do ser é realmente indefinido; a matéria é indefinida porque ela é, ao mesmo tempo, ondas e partículas. E é isto que é interessante: esta dimensão fluida do real, esta dimensão não consolidada do real.

Mas, de um ponto de vista metafísico, é verdade que permanecemos em um pensamento confinado na fórmula: "ou uma coisa... ou outra". Ou é preto ou, então, é branco. Ou isso existe ou, então, não existe. Ou isso é real ou, então, é irreal... Ora, a própria matéria nos diz que já não estamos em uma lógica do "ou... ou", mas em uma lógica *alógica* do "e... e": ondas *e* partículas, matéria *e* espírito.

Quando digo "matéria *e* espírito", estou tocando justamente em um dos segredos do ser humano, de sua ambiguidade, de sua dificuldade em viver consigo mesmo. Porque continuamente gostaríamos que ele fosse apenas matéria; explicamos tudo pela matéria... pelo funcionamento dos fosfenos em nosso cérebro, pelo funcionamento de nossas partículas, de nossos átomos. Afirmamos que o homem é uma matéria, um agregado de matérias e nada mais, um composto que irá decompor-se. Ora, o homem é matéria e espírito!

Inversamente, algumas pessoas dirão que o homem é apenas espírito... e que a matéria não passa de uma degradação da luz, sua velocidade mais lenta.

Somente o que é inconcebível, impensável, insuportável é que o homem seja as duas coisas! É o que irá chamar-se ambiguidade humana, essa indefinição da identidade humana: não somos anjos, nem animais. Gostaríamos de ser uma coisa ou outra, mas sermos as duas coisas é o caráter próprio do homem. Nesse aspecto se encontra sua dificuldade em viver, sua ambiguidade em viver: esse indefinido que ele é!

Assim, já que a matéria é indefinida, o homem é indefinido em sua constituição, em sua antropologia, neste composto matéria-espírito que ele é. Eis o que é igualmente evidente no campo das ideias. Certo dia, o homem pensa que tudo é branco; no dia seguinte, que tudo é preto... com a mesma sinceridade. Com a mesma tendência para a afirmação, para a definição, para a promulgação, para a dogmatização do que ele percebe como sendo o real. No entanto, a realidade justamente voltará a questionar suas ideias sobre o real. E nesse aspecto é que veremos se esse homem ou essa mulher é um ser honesto. Ou seja, se ele aceita perder suas ideias estáveis, francas, claras, nítidas sobre a realidade para ceder ao que ele não pode perceber, ao que ele não pode apreender em sua inteireza.

Essa atitude, essa aceitação poderá, então, permitir-lhe relativizar seus absolutos. Absolutos idolátricos em que sua definição do real toma o lugar da vida. O que é absolutamente real é o indefinido! Aquilo que não é completamente, inteiramente acessível, perceptível.

Nesse caso, terá o ideólogo a honestidade de reconhecer que o que ele sabe não é tudo? É a verdade, mas não toda... É uma percepção do real, mas não é o real... Com efeito, o âmago do ser é indefinido, o âmago do real lhe escapa! Terá ele a honestidade de dizer: O que sei a respeito da realidade é minha percepção, é uma percepção coletiva, um consenso de cientistas... mas o real é sempre infinitamente mais?

No plano do pensamento, teremos, portanto, de aceitar que existe algo de indefinido em nossas maiores definições, que há algo de aberto... Este *aberto* que justamente nos permitirá evitar que nos confinemos na ideologia ou no fanatismo que são duas pragas e dois venenos de nossas sociedades e da história de nossas políticas.

No plano dos sentimentos, é sem dúvida mais fácil apreender o indefinido daquilo que nos habita. Vamos utilizar o exemplo da espera de um filho: é evidente que algumas pessoas estão à espera de um filho com todo o seu amor, com todo o seu desejo; todavia, no mesmo momento, há mensagens que vêm contradizer esse desejo, essa expectativa... Linguagens que emergem do corpo, das memórias, de algum lugar... E, se formos verdadeiramente honestos, teremos de reconhecer nossa indecisão (*flou*)! Já não sabemos se, verdadeiramente, desejamos ou não um filho... Até mesmo depois de seu nascimento: o primeiro olhar que fixamos nele é um olhar desfocado (*flou*), enquanto seu olhar parece ser extremamente claro; eis o que é perturbador!

Nesse primeiro olhar do recém-nascido que olha para o mundo há uma imensa claridade que vem de alguma parte... E, em seguida, seu olhar fica desfocado. Ele acaba se identificando com nossa própria incerteza diante da realidade. No começo, ele fixa um olhar claro no desfocado, enquanto nós fixamos um olhar desfocado na claridade de nossa inexistência!

Assim, finalmente, já no plano de nosso desejo, de nosso desejo de um filho, nem sempre as coisas são assim tão nítidas, mas manifesta-se o indefinido, a ambivalência. Já não é a ambiguidade que predomina, mas a ambivalência. E, para uma mãe, é extremamente importante aceitar essa ambivalência: ela quer e não quer esse filho; ela o ama e não o ama... É, ao mesmo tempo, a realização de seu próprio corpo e o que, de uma certa maneira, o destrói, o corrói; fornece-lhe a plenitude de sua forma e, no entanto, o deforma! Então, muitas vezes, ela prefere manter-se calada. Eis a razão pela qual esse olhar da mãe que espera um filho é, em determinados momentos, interior e ligeiramente desfocado quando se volta para fora, quando tem de enfrentar o olhar do pai que pergunta: "Você quer mesmo esse filho ou não?" A resposta é, algumas vezes, balbuciante... Dito isso, o olhar do pai está, quase sempre, ainda mais desfocado; para ele, essa espera está na mente, nas palavras. Essa espera não lhe mexe com as entranhas, não o acaricia por dentro. Ele permanece mais ou menos periférico ao que pode estar acontecendo nesse momento. Aliás, alguns pais (*pères*) vivem muito mal esse período de indefinição, em que surge a questão de saber se o filho é ou não verdadeiramente desejado. E na mesma frase, no mesmo dia, eles poderão afirmar o seguinte: "Eu não o reconheço e eu o reconheço".

Nesse exemplo, sentimos perfeitamente a ambivalência que há no desejo do ser humano – e aceitarmos essa ambivalência é uma forma de nos tornarmos adultos. Nossa maturidade de adultos avalia-se pelo número de ambiguidades que podemos suportar, assim como pelo número de ambivalências que podemos assumir.

Você fala da ambivalência do desejo humano. Você não acha que o estado de paixão representa o auge do indefinido?

Será o cume, o vale ou o abismo?... Não sei... Mas, assim como o âmago do ser é indefinido, o âmago de nosso amor é igualmente indefinido. O ser que mais amamos é também, algumas vezes, o mais difícil de ser amado. O que seria o amor sem o reverso do ódio? Eis aí algo muito difícil de aceitar: podermos, às vezes, ter ódio pelo ser que mais amamos no mundo. Verdadeiro ódio! Então ficamos sem saber o que se passa e dizemos para nós mesmos: "Será que eu não o(a) amo?... Será que, portanto, eu nunca o(a) amei?!..."

No entanto, a resposta é afirmativa: Sim, eu o(a) amo. Mas eu o(a) amo de uma forma verdadeiramente humana, de uma forma real, ou seja, com uma luz, com uma claridade que contém sombras... e com uma sombra que fica à volta da luz! Existem as duas coisas... e isso é perturbador.

Pessoalmente, aprecio muito esta afirmação de Marie-Nöel: "Meu Deus, eu não vos amo". Trata-se de uma verdadeira declaração de amor. Para dizermos a alguém que não o(a) amamos, é necessário ter um grande amor por essa pessoa! É necessário que depositemos uma enorme confiança nela! Com efeito, quando declaramos a alguém que não o(a) amamos, sentimos um grande medo de que essa pessoa também deixe de nos amar... No entanto, podermos declarar a alguém que o(a) amamos ou não, confessarmos que o âmago de nosso ser é indefinido, que o âmago de nosso coração é indefinido, é o que poderá tornar a vida suportável. Você já imaginou se, no despontar do dia, alguém consegue declarar ao cônjuge: "Eu não te amo... Então, deixa-me tomar o café da manhã com tranquilidade..."?!

Não será uma forma de dizer: "Hoje, eu não te amo"?

Sim. Hoje, eu não te amo; aliás, amanhã, talvez, também não... [risos]

Na maior parte das vezes, quando essa questão é formulada, a resposta costuma ser: "Não sei..." Que resposta terrível para o cônjuge que a recebe!

Absolutamente. Mas, como você está vendo, quando eu afirmo: "Não sei", aceito estar indeciso. O problema é que, por sua vez, o outro diz: "Mas você tem que saber: você me ama ou não?!" E, quando recebo esta resposta: "Não sei", é evidente que vou embora fechando a porta com toda a violência.

Se, certo dia, alguém lhe responder: "Não sei...", você poderá dizer para si mesma que, pela primeira vez em sua vida, você está encontrando um amante, um apaixonado... honesto! [risos...]

De fato, não será que a fórmula "não sei" é interpretada, de saída, como um "não": "Não, eu não te amo, mas não tenho a ousadia de fazer tal declaração..."? Uma vez mais, não será uma forma de recusar o indefinido e procurar enquadrar a resposta em alguma coisa de mais nítido que, evidentemente, nos faz sofrer?

É claro. No entanto, se fôssemos capazes de suportar esse "não sei", essa ignorância do outro (ignorância que poderá ser compartilhada por nós mesmos), poderíamos avançar juntos para a descoberta do que ainda não sabemos; para a descoberta dessa claridade que, talvez, esteja no âmago desse núcleo de impossível que nos habita e constitui o cerne de um relacionamento.

Será humanamente possível viver toda essa indefinição sem perder a razão?

Se nos mantivermos no clima científico da abordagem da matéria, das realidades do mundo em suas ambivalências, em sua impermanência, essa é a própria condição para vivermos um verdadeiro relacionamento, uma lucidez sem ilusões. Não vamos pedir ao outro que nos ame absolutamente; ele só poderá nos amar relativamente... E é isso que é difícil. Com efeito, há em nós uma nostalgia da criança que exige ser amada de forma absoluta! Algumas vezes, chegamos a pensar que nossa mãe nos amava desse modo... Mas ela também era indecisa, ela também era ambígua. O que ela amava em nós era ela mesma e não verdadeiramente nós. Na realidade, nunca chegamos a ser amados de forma absoluta a não ser pelo Absoluto. Mas...

O que é o Absoluto?

Nesse ponto, podemos ter ideias a respeito do Absoluto, a respeito de Deus, bastante bem definidas, com explicações, provas de sua existência. E, de novo, emerge o medo de enfrentar o indefinido porque nada há mais indefinido do que Deus, nada há mais indefinido do que o âmago do âmago do Ser.

Quando olhamos para o Evangelho, portanto, para a encarnação do indefinido que é o próprio Jesus, devemos olhá-lo com os olhos de uma apaixonada como Maria de Mágdala. Esse é o único olhar que é possível fixar nele porque, em determinado momento, Ele irradia, é o Mestre, o Rabi escutado por todos, aquele que faz milagres e, em outro momento, Ele é impotente, sem poder, arrastado na lama, crucificado... Nesse caso, quem é Ele?

Se, por um lado, Maria de Mágdala pode aceitar a indefinição desse ser que ela ama e lhe escapa, que ela ama escapando-lhe, por outro, alguém como Judas não consegue tolerar essa indefinição. Nesse momento, para ele, Jesus é um traidor: atraiçoa a imagem da onipotência que Judas havia projetado sobre Ele, ou seja, o libertador do ocupante romano, o taumaturgo que faz coisas inauditas. Assim, antes de ser um traidor, o próprio Judas é um homem traído! Fica decepcionado na proporção de sua expectativa. Dá-se conta de que está sendo enganado por esse ser em quem depositava sua confiança, a quem havia dado a vida. Um cara desses não é um chefe!!!

Até mesmo a ressurreição é indefinida! Algumas pessoas chegam a presenciá-la, enquanto outras não a veem... Da mesma forma, como afirma Pascal: "Na Bíblia, vocês encontram palavras que podem servir tanto para acreditar quanto para duvidar".

A Bíblia é um grande livro, marcado pela indefinição... Não há uma só palavra que não seja contradita por outra palavra! Mas é a partir do enfrentamento entre essas duas palavras contraditórias que poderá surgir uma chama. Uma chama... na fumaça da indefinição! E, para algumas pessoas, essa situação é intolerável. Ao ler os evangelhos, tais pessoas hão de afirmar o seguinte: "Vejam bem, isto aqui não significa nada: está repleto de contradições!"

A Sagrada Escritura está repleta de contradições porque está repleta de vida.

De fato, será que deveríamos ser capazes de interpretar todos os acontecimentos de nosso cotidiano a partir dessa noção de indefinido e de sua aceitação?

Creio que os filósofos contemporâneos ainda não pensaram a partir dos dados resultantes das investigações do tipo científico, do real. Se o filósofo é alguém cuja tarefa consiste em pensar o real e elaborar uma ética em coordenação com esse real, trata-se de um trabalho que ainda não foi efetuado... Os dados da física quântica não têm sido pensados com o objetivo de elaborar uma ética, justamente visando nossa maneira de viver... de uma ética que não fosse a do "tudo é mutável", mas uma ética que permitisse discernir a alternância das coisas, sua ambivalência. E essa ética haveria de nos livrar de uma certa forma de fanatismo, de ideologias, de julgamentos. Seria uma ética do respeito, da paciência.

Essa aceitação de que o âmago do ser é indefinido e não tão bem determinado quanto o desejaríamos, parece ser indispensável para uma melhor compreensão de nossas relações e, portanto, para uma vida vivenciada de forma mais flexível. Nesse caso, como poderemos adotar tal atitude?

Como estarmos seguros de nós mesmos ao mesmo tempo em que sabemos que nunca teremos certezas a respeito de nada? Será que isso é mesmo possível?

Aprecio muito esta afirmação de Pascal: "O erro é o esquecimento da verdade contrária". Esta tomada de consciência de que o âmago do ser é indefinido corresponde à tomada de consciência do âmago do ser como paradoxal. A palavra *verdade* faz apelo à palavra *erro* ou à palavra *mentira*. Não há dia sem noite...

No plano da própria língua, pensamos sempre em sistema binário. E o problema é que, no plano da utilização que fazemos de nosso cérebro, permanecemos na oposição desse sistema binário. Ora, uma outra utilização de nosso cérebro seria verificar os dois opostos juntos, desta vez não como opostos, mas como complementares. Verificar que, efetivamente, não há dia sem noite, não há verdade sem mentira... Como afirma Lao Tsé: "Diga que isto é belo e eis que chega o feio". A palavra belo faz apelo à feiura. A feiura é uma criação do belo; ora, não podemos ter uma coisa sem outra. E isso é fixar no real um olhar global; mas esse olhar é ligeiramente desfocado porque as contradições, os opostos, revelam-se aí como complementares.

Então, será possível viver essa vida paradoxal, essa vida que aquiesce ao caráter indefinido do ser? Creio que sim porque é uma vida que, nesse momento, está livre de qualquer inflação. O que é inflação? É considerar uma parcela da verdade como se fosse toda a verdade. Essa é também uma definição da heresia, ou seja, tomar uma parcela da verdade e erigi-la como se fosse toda a verdade!

Freud, por exemplo, detém, é claro, uma parcela da verdade; mas, quando pretende explicar tudo a partir dessa parcela, ele torna-se um herético. Para Nietzsche, é a mesma coisa... assim como para cada um de nós quando erigimos nossa pequena experiência da verdade como se fosse toda a verdade. Ora, justamente aceitar o imperceptível ou o lado complementar, desconhecido, do que conhecemos, irá permitir-nos sair dessa eterna perseguição. Quem sabe? Talvez a ética para a qual nos conduz essa apreensão do caráter indefinido do ser seja uma ética da humildade. Quando eu digo a alguém que eu o(a) amo, não transformo esse amor em algo absoluto. Conheço minha ambiguidade e sei que posso também deixar de amar... E, quando digo a alguém que não o(a) amo, que essa pessoa me irrita, posso também relativizar minha irritação ou meu ódio porque, ao mesmo tempo, em algum lugar, posso amar essa pessoa!... Então você poderá perguntar-me: Será que isso não conduz em direção a uma atitude de não escolha, de indiferença, de indeterminismo? Nesse aspecto, há uma questão interessante que deveria ser desenvolvida, ou seja, a do determinismo. Essa apreensão do indefinido faz-nos lembrar que nada é definitivamente determinado. Não devemos esquecer essa dimensão de indeterminação em que, justamente, vem se situar nossa liberdade. É a razão pela qual eu penso que afirmar que o âmago do ser é indefinido equivale a dizer que há, no próprio ser, um espaço para o exercício de nossa liberdade, para o exercício da interpretação.

O mundo não tem, talvez, sentido (ou o sentido nos é dado de uma forma indefinida...); nesse caso, cabe a nós dar-lhe sentido!

No entanto, o homem deve dar sentido ao que lhe acontece sem perder a qualidade, sem transformar o sentido que ele dá ao que lhe acontece em uma espécie de espartilho rígido no qual viesse a conter o real. Deve conservar-se flexível nessa vestimenta de conceitos e determinações, transformar suas palavras em alguma coisa de bastante fluido para permitir que o indefinido possa respirar e que sua liberdade venha a desabrochar.

Mas, tentar atribuir um sentido ao que nos acontece, não será mesmo assim, uma vez mais, tentar escapar ao indefinido?

Sim. É um reflexo de segurança. É a mão do moribundo que se fecha, que fica presa aos lençóis, como se a própria vida estivesse nos lençóis e pretendesse escapar dele...

Existem belas imagens.

Nesse plano, eu diria que o âmago do ser é líquido, mas o pensamento congela esse rio da vida. Nossa apreensão do mundo é apenas invernal... Basta que se manifeste um pensamento primaveril e os conceitos fundem-se, escorrem, e o rio da vida retoma seu curso. Temos uma forma de imobilizar o amor, de congelar um relacionamento, de imobilizar a matéria! E o que apreendemos da matéria é um ponto de vista da matéria, é uma imagem congelada. Essa imagem é uma forma de idolatrar a imagem que temos, mas esquecemos que, por sua vez, a matéria continua deslizando. Nesse aspecto, reencontramos o pensamento de Heráclito em que o ser é o devir.

Ainda hoje, no pensamento contemporâneo, trata-se perfeitamente de pensar o ser como incessantemente em devir. A única coisa que não muda é a mudança! Então, evidentemente, podemos fazer tal afirmação citando Heráclito, com toda a facilidade ou metafisicamente, mas quanto a vivê-la... quanto a deixar a vida deslizar... Com efeito, não se trata de afundar, mas de nadar.

Essa noção de indefinido tem, mesmo assim, uma conotação pejorativa. Sentimos aí alguma coisa de turvo, até mesmo de falso. Enquanto a noção de fluido é muito mais bem-aceita: também imperceptível, mas menos inquietadora...

O indefinido é o olhar que fixamos no fluido. O ser é o que ele é, ele desliza. E, quando observamos alguém que desliza, é então nosso olhar que se torna desfocado. É o fato de não podermos nos deter, de não podermos nos deter em determinada imagem que cria uma espécie de mal-estar, de mal viver. Como se nosso olhar, tal como um aparelho fotográfico, fosse feito para congelar imagens e conservá-las... Ora, nesse aspecto, ele nada poderá conservar, e isso cria uma espécie de indefinição: há um momento em que não sabemos mais o que se passa; não sabemos mais o que é verdade, o que é bom, o que é justo; nem sequer sabemos o que é real, já que o que é real irá nos escapar, irá morrer... É a razão pela qual nosso olhar é espoliado[18]... sente-se espoliado.

---

18 No original, *floué*, particípio passado do verbo *flouer*, cuja raiz é o termo latino *fraudare*: "fraudar" [N.T.].

É como uma barreira contra qualquer tipo de posse. Um limite que nos obriga a conceber o outro, a vida humana, como não determinada. Portanto isso quer dizer que não será possível apreendê-lo, possuí-lo?

Neste ponto, creio que você atinge o próprio âmago de uma ética que poderá nascer dessa apreensão do caráter indefinido do ser. Seja quem for o outro – a matéria, um corpo, um rosto, uma ideia –, nunca será possível transformá-lo em um haver. Nunca poderemos apoderarmo-nos do outro. Não é possível termos Deus, não é possível possuirmos a verdade, não é possível apropriarmo-nos do amor! Podemos simplesmente estar junto.

E a maneira mais clara de estarmos com o indefinido é, efetivamente, não afundarmos juntos, mas nadarmos em conjunto, estarmos com esse outro que não possuímos e cuja imagem não corresponde àquela que esperávamos que fosse a sua!

Há, nesse aspecto, uma forma de se deixar nortear pela humildade; e, conforme você exprimiu muitíssimo bem, o indefinido é renunciar a transformar o outro em um haver. Se amamos o ser enquanto ser, aceitemos não possuí-lo... mas, marchemos com ele.

O relacionamento é perfeitamente viável; o que é impossível é a apropriação!

15
A incontornável fluidez do homem

Como já evocamos, a noção de indefinido do ser humano é, sem dúvida, muito importante para compreendermos melhor nossas diferentes reações; no entanto, continua sendo um termo delicado para ser utilizado. Em compensação, a *fluidez* do ser humano não será também uma realidade importante a ser desenvolvida de forma mais profunda? E por que não concluirmos esta grande visão panorâmica que estamos efetuando juntos, debruçando-nos sobre essa noção?

Quando falamos de fluidez do ser, estamos pensando imediatamente em Heráclito que nos faz lembrar que o ser só existe como devir. É a famosa imagem do rio no qual não podemos nos banhar duas vezes... E é verdade que o ser é devir: é, aliás, nesse sentido que podemos dizer que o ser é fluido. Eis uma bela imagem porque poderíamos dizer que a vida, o vivente, é um fluido em nós e, às vezes, esse fluido fica congelado. Essa água fica congelada, represada... E o drama do ser humano é justamente ficar imobilizado em seu corpo, em seu pensamento, em seu desejo. Lembremo-nos de nossa definição da estupidez: característica de alguém cuja inteligência está imobilizada pelo que ele sabe. No plano do desejo, é alguém que está imobilizado pelo objeto de seu desejo e se perde como sujeito de desejo. Mas tudo isso é, igualmente, verdadeiro no corpo. Lao Tsé diz que a criança é fluida: quando cai, ela se levanta sem dor; no entanto, ao envelhecermos, tornamo-nos rígidos, tensos. Aliás, esse é um dos sintomas do envelhecimento e da morte.

A vida é fluida, enquanto a morte é rígida! É por isso que podemos falar de "rigor do indefinido", mas não de rigidez. A noção de indefinido, assim como a de fluido, permite-nos sair de qualquer tipo de rigidez, das tensões em que, às vezes, acabamos confinando nossa vida.

Podemos, igualmente, falar da noção de fluido no plano da física, já que somos constituídos de água. Uma água que pode tornar-se gelo, pode tornar-se uma corrente que nos arrasta, pode também tornar-se vapor... De um ponto de vista bíblico, é importante lembrar que o âmago do ser é fugaz. Não se trata somente de vaidade, mas de uma evanescência, de uma impermanência. E aceitar essa impermanência, aceitar essa fluidez é a própria sabedoria.

Não apresse o rio... ele corre sozinho! Daí a questão será: Como podemos evitar sermos arrastados pela corrente no sentido de nos perdermos e, ao mesmo tempo, permitir ao ribeirão, ao rio da vida, que tome seu ímpeto através de nós?

Será que essa noção de fluidez do ser pode ajudarnos a compreender e assumir em melhores condições os problemas encontrados em nosso cotidiano?

Creio que a imagem do fluido e da água é uma imagem adequada na medida em que a água esposa todos os obstáculos que vai encontrando; além de esposá-los, adapta-se a eles. E o caráter próprio da inteligência (*intelligere*: ler o real) é justamente adaptar-se ao real. Nossa inteligência deve ajustar-se ao real e não tentar modificá-lo. Um espírito rígido, um espírito ideólogo, fanático, integrista no sentido em que atualmente esse termo é utilizado, não aborda o real com fluidez – e sim a partir de suas tensões, algumas vezes, tensões sem rigor – e pretende adaptar o real a seus conceitos. Há, então, alguma coisa de quase criminoso em relação ao real porque este não tem de se adaptar a nossos pontos de vista, a nossas ideologias, a nossas grades de leitura. Pelo contrário, cabe a nós, incessantemente, adaptar-nos como a água se adapta aos rochedos da existência, aliando-nos com aquilo que o real nos oferece para viver. A fluidez é uma verdadeira arte de viver!

Quando pegamos uma criança no colo, o que é maravilhoso é exatamente essa fluidez, essa mansidão, essa maneira de a criança esposar, abandonar-se aos próprios movimentos de nosso corpo. De fato, quando a transportamos, seu movimento não se opõe ao nosso.

No plano psicológico, um coração fluido é um coração capaz de compartilhar nossas emoções: ficar triste quando estamos tristes, sentir alegria quando vivenciamos a alegria, sem Lei com os sem Lei, mesmo que não sejamos verdadeiramente sem Lei... Nesse aspecto, cito São Paulo que dá um belo exemplo de fluidez. Fluidez, aliás, que nem sempre foi seu forte... principalmente em relação às mulheres...

Em seguida, de forma mais profunda, ou seja, de um ponto de vista mais evangélico, há incessantemente o exemplo do Cristo e dos profetas. O Cristo retoma o ensino de todos os antigos profetas de Israel que afirmam: "Como transformar nosso coração de pedra em coração de carne?" A imagem que é apresentada é a da pedra golpeada pelo bordão de Moisés que, nesse instante, se transforma em água viva! Ou, ainda, a imagem do coração de pedra da samaritana a quem o Cristo promete a água viva: "De seu sangue, deslizarão rios de água viva..."

No lugar do coração, temos uma pedra; nesse caso, daí não escorre nenhum fluido. Devemos reencontrar em nós essa dimensão da água viva, da água vivificante. É interessante que Jesus tenha utilizado essa metáfora para falar do espírito. O ser espiritual é, portanto, aquele que reencontra a própria fluidez, reencontra a fluidez do ser.

Estou pensando, também, no Cura d'Ars que afirmava o seguinte: "Os santos têm o coração líquido..." Literalmente, poderíamos dizer que os santos têm o coração fluido, no sentido em que não se servem de suas opiniões, de seus sentimentos, de suas ideias para desferi-los contra os outros, mas tudo o que é vivo neles é utilizado para esposar o instante, para esposar a vida tal como ela se apresenta. Os santos, ou os seres simplesmente humanos, têm verdadeiramente o coração fluido, flexível, vivificante. Pelo contrário, à medida que progredimos em nossa inumanidade, vamos ficando cada vez mais endurecidos...

Entre os antigos, um dos sinônimos da palavra pecado era "dureza do coração", "endurecimento do coração". Uma vez mais, não se trata de julgar. É compreensível que o coração de alguém possa tornar-se endurecido, venha a blindar-se, que a pessoa se proteja quando já sofreu bastante em sua existência... Todavia, como pode ela permanecer fluida, de que maneira, apesar de tudo, permanecer líquida... sem se dispersar?! Nesse aspecto, voltamos de novo ao paradoxo do rigor do indefinido.

Conviria também falar de uma certa solidez do fluido! Ou, ainda, de uma certa maneira de canalizar o líquido, o ímpeto do que nos faz vibrar. Não se trata, de modo algum, de estarmos dispersos, sem pontos de referência; mas de estarmos no real, ou seja, esposarmos o que é, com flexibilidade. Jesus dirá: com mansidão.

Como você acaba de observar, essa noção de fluidez evoca o símbolo da água. Esse símbolo sugere, é claro, o poder e a flexibilidade, mas é igualmente o símbolo da feminilidade.

Será que essa fluidez do ser é mais difícil de viver, na medida em que nossa educação, nossa sociedade, recalca sempre as características do polo feminino, em benefício de qualidades mais rígidas, mais peremptórias, mais viris?!

Sua questão é muito importante e difícil de ser respondida. Essa dificuldade talvez seja ainda maior em relação às mulheres do que em relação aos homens... No campo da sexualidade, da saúde, fala-se de "mulheres-fontes", de "mulheres-líquidas". Há, portanto, como você observou, uma afinidade entre o feminino e a água, o líquido, o inconsciente. Mas, efetivamente, do mesmo modo que há mulheres-fontes, existem mulheres-secas... Dito isso, entre os homens, verifica-se a mesma situação: existem homens-secos tanto em seu corpo como em seu coração e em seus pensamentos; e há também homens que, em vez de úmidos, pegajosos, viscosos, são puramente líquidos. Independentemente do sexo, essa fluidez do ser mantém, portanto, ligação com nossa reconciliação ou com nossa posição para com a feminilidade, ou seja, com o elemento água em cada um de nós. É verdade que, nesse plano, há um grande número de coisas interessantes a serem observadas. Finalmente, o que torna líquido nosso corpo? O que é que o liquidifica ou o torna fluido? É, sem dúvida, quando o amor habita nosso corpo...

Será que essa qualidade de fluidez do ser não é tanto mais difícil de admitir pelo fato de que vai totalmente contra a necessidade que o ser humano tem de capturar, possuir, controlar? Ou não é verdade que um ser verdadeiramente fluido é imperceptível?

Absolutamente... É a água que nos escapa. Creio que, ao evocarmos a fluidez do ser, nos encontramos em um tipo de pensamento oposto ao aristotelismo; de preferência, estamos mais identificados com o pensamento do Tao Te King. Nas metáforas utilizadas pelos numerosos discípulos do Tao existe sempre um vínculo entre o feminino, a sombra, por um lado, e, por outro, a água, o líquido, o fluido. E todos esses elementos são valorizados: a sombra que contém a luz; o vale[19] que representa o feminino; e a água que esposa todas as coisas e, portanto, atinge o cerne de todas as coisas.

Todavia, ainda não evocamos este aspecto: a água poderá ser também o dilúvio. Na água, existe alguma coisa de dissolvente.

Dito isso, quando falo do fluido, não estou fazendo referência a seu caráter dissolvente; pelo contrário, a água esposa a forma do outro, mas sem pretender impregná-lo! É claro, isso pressupõe que o outro tenha sua própria forma, sua resistência... A função do fluido não consiste em imiscuir-se, dissolver tudo o que ele encontra; mas, mesmo assim, isso pode acontecer quando ele não encontra resistência suficiente para as núpcias esperadas...

Damo-nos conta até que ponto essa fluidez do ser traz em seu bojo o símbolo da água. Essa fluidez está igualmente presente e é exteriorizada pelas lágrimas. Ora, a primeira coisa que, desde a mais tenra idade, nos é ensinada a reprimir, a ocultar, são as lágrimas, símbolo primeiro dessa fluidez.

De fato, não é verdade que, desde a infância, nos ensinam que devemos evitar, a qualquer preço, ser fluidos tanto física quanto psiquicamente?

Como você sabe, uma das graças que os monges do Monte Athos não cessam de pedir a Deus é aquela que, segundo a tradição, se chamou "o dom das lágrimas". Esse dom é justamente o sinal de que passamos do coração de pedra para o rio da água viva; ou seja, de que o homem reencontrou, efetivamente, sua fluidez. De um ponto de vista psicológico, um belíssimo livro foi escrito sobre "*l'enfant aux yeux de pierre*" (a criança com olhos de pe-

---

19 No original, *la vallée*, ou seja, substantivo feminino [N.T.].

dra): uma criança que não podia chorar... Pessoalmente, conheci pessoas gravemente doentes que não conseguiam chorar; já havia pelo menos trinta anos que tinham chorado pela última vez... E devolver-lhes o acesso às lágrimas foi uma forma de devolver-lhes o acesso a elas mesmas. Às vezes, a experiência do perdão é que torna líquido, de novo, nosso coração, através das lágrimas.

Com toda a certeza, é verdade que há também lágrimas de pieguice... No entanto, uma vez mais, quando falamos de fluido, não nos referimos à dispersão, a uma falta de coesão interna, à dissolução, mas falamos de um movimento particular do ser. Quando sabemos que, em uma só lágrima, se encontra o resumo de todos os nossos humores – ao mesmo tempo, físicos e psíquicos, tais como as secreções –, apercebemo-nos de que as lágrimas podem constituir uma riqueza extraordinária de análise.

Chorar é uma grande graça.

Ao afirmarem que tinham o coração líquido, o Cura d'Ars e outras pessoas pretendiam dizer que eram capazes de chorar. Aliás, Catarina de Sena, que tinha também esse dom, chegou a pedir que suas lágrimas fossem internas.

É igualmente muito interessante lembrar que, para Tomás de Aquino, o dom da inteligência está associado ao dom das lágrimas. Diante da beleza, diante do amor, faltam-nos as palavras, a linguagem e, nesse caso... choramos. Choramos de alegria, dizia também Pascal.

Na realidade, quando amamos alguém, quando vivemos determinados momentos de beleza, de compreensão, quando nada mais temos a dizer, resta-nos, simplesmente, chorar. Essas são, por exemplo, as pérolas de Maria de Mágdala... Efetivamente, o que ela tem para dizer ao homem que ama, já não passa pelas palavras, mas pelas lágrimas. Seria verdadeiramente interessante tentar reencontrar essa linguagem das lágrimas. No entanto, como você afirma, desde a nossa mais tenra idade, o ensinamento que recebemos é: "Não chore...", sobretudo, quando se trata de um menino! Como você está vendo, essa é uma recomendação feita sobretudo aos meninos... De novo, será ensinado ao menino a reprimir sua dimensão feminina. E uma menina sentirá orgulho em ser como um menino porque justamente ela não chora quando cai do cavalo, quando é espancada, quando perde um amigo...

Nesse caso, como aceitar, em primeiro lugar, essas lágrimas de dor? Ora, quando estamos sofrendo, faz bem chorar; através das lágrimas, eliminamos grande parte das tensões. Em um relacionamento, ter a ousadia de chorar diante do outro é também muito importante para eliminar as tensões acumuladas. E, igualmente, chorar diante de Deus. A mais bela oração, aquela à qual Deus não poderá deixar de responder, é verdadeiramente a das lágrimas. Quando choramos diante de Deus, nem sempre sabemos qual é o objeto de nosso pedido. Estamos completamente indecisos, completamente fluidos, nem sabemos o que iremos pedir, mas sabemos que estamos sofrendo e que nosso cônjuge também sofre quando, afinal, gostaríamos que ele se sentisse feliz. Só com lágrimas é que podemos dizer tudo isso.

Entre os antigos, o dom das lágrimas era também a graça do Espírito Santo. Esses rios de água viva são encaminhados até nossos olhos pelo coração... transbordam, reconfortam-nos e ajudam-nos a enfrentar a vida. De um ponto de vista metafísico, há também alguma coisa de muito importante a redescobrir... Quando Tomás de Aquino tinha de resolver um problema metafísico, ele pedia a Deus o dom das lágrimas; ou seja, a compreensão ocorria-lhe através das lágrimas. As lágrimas chegam após as palavras.

A mesma coisa ocorre, algumas vezes, entre duas pessoas... De fato, a razão pela qual é tão difícil falar de fluidez é a seguinte: de certa maneira, as palavras constituem uma solidificação, uma velocidade muito mais lenta do pensamento. À semelhança da matéria que é a velocidade mais lenta da luz, as palavras constituem uma velocidade muito lenta do pensamento. E esse momento em que nosso pensamento é atravessado pelas lágrimas é o instante em que a matéria se identifica um pouco com a velocidade da luz, o instante em que as palavras se identificam com o que poderíamos chamar velocidade e densidade do pensamento.

Instante em que o coração humano reencontra o coração de Deus.

Para além das lágrimas, essa imagem de fluidez deixa, igualmente, ver um homem em marcha. Um ser fluido seria um homem em marcha, enquanto um ser rígido seria um homem que fica estagnado, que não sai do lugar? Será que essa fluidez permite que ele encontre seu caminho?

Sim, o que você acaba de dizer é importante. Nossas metáforas da água e do fluido não devem levar-nos a esquecer que existem também águas estagnadas, águas putrefatas. É uma espécie de solidez sem consistência, enquanto o fluido é uma consistência em movimento. Portanto, é importante discernir se nossos fluidos correm o risco de se tornarem águas estagnadas e apodrecidas (há alguma coisa de nauseabundo...). Com efeito, a essas águas será preferível, evidentemente, a limpidez do diamante e do cristal. A pedra mais dura terá sempre mais valor do que uma grande quantidade de água... sem vida. Em compensação, tal diamante nunca poderá alcançar o movimento!

Ao falar de fluidez, pessoalmente, estou pensando em um diamante... mas, um diamante em marcha, em movimento. De fato, trata-se de manter juntos a qualidade cristalina e poderosa que é possível verificar em alguns córregos, em determinadas cachoeiras, por um lado, e, ao mesmo tempo, o movimento.

Assim, quando falamos de fluidez – se esta não for a da estagnação, da dispersão, da dissolução –, o que está dissimulado por detrás da expressão ser *fluido* é, efetivamente, "o ser em marcha".

E justamente quando relemos As Bem-aventuranças, o que o Cristo vem fazer no mundo senão colocar-nos de novo em marcha?

Em marcha os *humilhados, os que perderam o fôlego* (segundo a tradução de Chouraqui). Em marcha os esbaforidos! Exatamente no instante em que o esbaforido tem tendência a se encolher, a acocorar-se, a tornar-se uma água estagnada, Jesus coloca-o de novo em movimento, coloca-o de novo em situação de rio. *Em marcha aqueles que choram...* Porque nesse caso, como já dissemos, nossas lágrimas podem ser também as lágrimas amargas das águas sujas. Trata-se, então, de colocar de novo nossas lágrimas no movimento do rio, ou seja, de não nos determos em nossos tanques. Não deve haver complacência em nossas lágrimas. Quando Jesus chora por Jerusalém, quando chora pelo amigo Lázaro, ele não está pretendendo ficar agarrado a essa morte, mas encontrar nessa circunstância uma energia capaz de erguê-lo, de levá-lo a sair do túmulo. Assim, reencontrar em nós a fluidez do ser é reencontrar o ser em movimento, o ser em marcha. E, algumas vezes, as lágrimas, o enternecimento do coração, são, para nós, momentos importantes de transição; em vez de nos determos, de ficarmos agarrados a determinada calúnia, injúria ou sentimento de culpa que poderá nos invadir, vamos nos erguer de novo e reencontrar a tranquila fluidez do que nunca esteve estagnado.

Nesse aspecto, reencontramos a palavra de Gregório de Nissa – que me agrada tanto – ao afirmar: "Passamos de um começo para outro começo". Todos nós dirigimo-nos para sucessivos começos que nunca têm fins. Esse é exatamente o sentido não imobilizado, não estagnado, da fluidez do ser. Com efeito, a verdadeira infelicidade de alguém é ficar estagnado. Imagem congelada... emoção congelada, conceito congelado, ideologia congelada.

A fluidez é, pelo contrário, o que nos coloca de novo em marcha e nos conduz para além da imagem que temos do outro, para além da imagem que temos de Deus. É o que nos coloca de novo em marcha para além do objeto de nosso desejo no qual poderíamos alienar e soterrar nosso desejo. É o que nos coloca de novo em marcha no próprio âmago de nossos conceitos, sabendo que a representação que temos da coisa não é a coisa... Assim, nosso espírito reencontra sua fluidez, sua inteligência, sua bem-aventurada insegurança.

Toda a beleza do homem parece vir dessa fluidez. Quando se diz que Deus criou o homem à sua imagem, será que isso significa que Ele o criou à imagem de sua própria fluidez? Deus é o Ser fluido por excelência?

Sim, com toda a certeza. Nesse aspecto, você se identifica com a tradição dos antigos que afirmam o seguinte: "O Deus Desconhecido criou o homem à sua imagem, ou seja, o homem desconhecido". Em vez da palavra desconhecido, poderíamos colocar *Deus imperceptível - Homem imperceptível*. É, portanto, também *Deus fluido - Homem fluido...*

No entanto, afirmar que Deus é fluido não significa que possamos transformá-lo no que bem nos aprouver, levá-lo a esposar as formas de nosso próprio espírito, de nossos próprios conceitos... mas isso significa que, à semelhança da água, Ele nos escapa; à semelhança da vida, Ele nos escapa. Pretender guardá-la é deixá-la estagnada; deixá-la estagnada é congelá-la; deixá-la congelada é, de certa maneira, densificá-la, materializá-la, objetivá-la e, portanto, passar ao lado da própria realidade de nosso ser.

O que conhecemos a respeito de Deus é uma solidificação, uma congelação. Todas as nossas definições de Deus são uma forma de congelá-lo com nosso espírito frio. A esse propósito, seria interessante evocar um grande pensador como Orígenes que afirma o seguinte: "O espírito é fluido, e a psique é compacta". De fato, o homem torna-se psíquico na medida em que se congela, em que se torna frio. O temperamento psíquico é o olhar frio fixado nos seres e nas coisas, enquanto o caráter próprio do espírito é esse *zelos* (em grego) que encontramos na liturgia ortodoxa, ou seja, um tiquinho de água quente que faz fundir o gelo e devolve ao espírito sua fluidez.

Entre os antigos, existem metáforas muito interessantes em que o sólido, a matéria é o que exige ser esquentado... Assim, quando em nós esse gelo – essa frieza de espírito, de pensamentos, de conceitos, a objetivação de Deus – entra no calor da vida, então todas essas noções voltam a ser líquidas. Nesse instante, Deus já não existe. Ele é nessa corrente. Ele não é uma coisa que possa ser apreendida, mas *Alguém* com quem podemos nos banhar... *Alguém* com quem podemos compartilhar um instante, compartilhar um banho de luz, um banho de consciência, de compreensão. E, em vez de nos dissolvermos nessa partilha, simplesmente vamos esquentar a alma e o coração; e, algumas vezes, refrescarmo-nos... Com efeito, não convém confundir frescor com frieza.

Quais são as principais razões que transformam a maior parte dos homens em seres de coração de pedra, e não em seres plenamente realizados em sua fluidez?

O que está sempre em causa é o medo. É o medo que nos retrai. Quando temos medo de alguém, do desconhecido, tornamo-nos tensos. Por outro lado, quando sentimos confiança, ficamos descontraídos, relaxamo-nos, deixamos de lado qualquer resistência. E, de resto, o que chamamos o ego é, finalmente, uma enorme contração! Uma contração do ser que se recusa a deslizar, que não quer morrer.

Por que motivo temos um coração de pedra? Por que somos rígidos, psicorrígidos? Porque temos medo de morrer!

Se não tivéssemos medo de morrer, se não tivéssemos medo de amar, se não tivéssemos medo de nos enganar, se não tivéssemos medo do que os outros possam pensar de nós... Então, efetivamente, seríamos um pouco líquidos, seríamos mais fluidos.

No plano da psicologia (algumas psicologias como a junguiana), a passagem do Eu para o Self corresponde à passagem do rígido para o fluido. É o Eu retraído em seus pensamentos, em sua pseudoidentidade, que se descontrai e se aceita como desconhecido à imagem do Desconhecido. Que aceita amar sem saber amar, viver sem saber o que é a vida; que aceita morrer sem saber o que o espera...

O problema é que, ao procurarmos tal saber, há como que um endurecimento. Somos como um cavalo que empina diante do desconhecido, diante do que ele pressente como uma agressão. No entanto, ao reencontrar sua confiança, ele tem uma forma completamente diferente de apresentar seu pescoço... Ele é, de novo, uma maravilha de fluidez.

Você nos diz que, por um lado, o âmago do ser é indefinido e, por outro, a razão de ser do humano é ser fluido. Será que o Cristo, Deus encarnado, seria também indefinido (o que o levou a ser escorraçado, perseguido) e, ao mesmo tempo, fluido (o que lhe permitiu, mesmo assim, avançar até o fim de seu caminho com a mansidão que todos nós conhecemos)?

O Cristo era, efetivamente, indefinido, e é nesse sentido que decepcionou bastante seus discípulos que, por sua vez, lhe pediam incessantemente que tomasse partido, tomasse posição em relação ao ocupante romano – eis o que alguém como Judas (e outros discípulos) não conseguiu suportar. Ele não cessava de perguntar-lhe: "Qual é o teu lugar? Vais realmente expulsar o opressor? Será que és a verdadeira encarnação da justiça?" E a atitude de Jesus decepcionou completamente esses espíritos rígidos.

Com efeito, para ele não havia ocupantes romanos, fariseus ou publicanos, mas apenas pessoas. E a cada uma delas dirigia a palavra apropriada, manifestava-lhe a atitude adequada. Tal qual a água que, como dizíamos, esposa os contornos do obstáculo que encontra em seu caminho, então, sim, essa água não seguia o percurso que Judas, Pedro e os outros teriam gostado que ele empreendesse contra estas ou aquelas coisas consideradas como inimigas.

O acontecimento mais forte, diante do qual o Cristo é, ao mesmo tempo, indefinido e fluido, é a morte: "Ninguém me tira a vida, mas eu a dou por própria vontade". E, efetivamente, Ele avança até o fim de sua vida. Não há amor maior do que dar sua vida por seus amigos. Deixa deslizar através dele o próprio movimento do dom. Até o fim. Não se sente que, em algum momento, Ele esteja retraído, nem mesmo no instante em que pede ao Pai se é possível que o cálice seja afastado dele... No entanto, Ele pressente perfeitamente que a vida irá engolfar-se na morte; nesse caso, Ele conhece não um momento de resistência, mas um momento de interrogação: "Pai... por que me abandonaste?" Sabemos que não foi o Pai que o abandonou, mas a consciência do Pai. O rio já não sabe em que direção, para quem, ele corre... Apesar de tudo, Jesus manifesta uma total confiança: "Pai, que tua vontade seja feita". E Ele adere, de uma forma completamente fluida, a essa passagem.

Então, é claro, você poderia dizer-me: "Indefinido, fluido", isso não será exatamente o contrário do que consideramos como a verdade? Talvez, quem sabe, a verdade não consiga suportar o indefinido?...

Mas de que verdade estamos falando? Por exemplo, sabemos que a verdade evocada nos evangelhos nunca é uma verdade objetiva: A não é A; B não é B... Cuidado, não estamos no regime da não contradição, mas é da emergência dos contrários que nasce a verdade: o erro é o esquecimento da verdade contrária.

Em grego, verdade diz-se *aletheia*: trata-se de um estado de vigilância, de atenção. Ou seja, um estado de consciência fluida em relação a tudo o que nos acontece. Trata-se de elevar-se acima do vento, de esposar o instante no que este tem de mais inesperado, sem esses *a priori* consolidados que nos levam a dizer que as coisas devem ser assim ou assado, sob pena de serem rejeitadas e excluídas! O que acarreta dores e sofrimentos...

Jesus eleva-se, incessantemente, acima do vento; incessantemente é levantado, habitado pelo pneuma, pelo espírito. E tal atitude é que lhe dá essa fluidez e, portanto, essa mansidão diante da morte, diante de seus inimigos. Ele não lhes opõe um coração de pedra, um coração que os julga; mas opõe-lhes sua flexibilidade, sua inocência, sua infância.

Como reencontrar, esposar em cada dia, em nosso cotidiano, nas provações que vivenciamos, essa fluidez que temos em nós, mas parece estar emparedada? Como deixar emergir essa fluidez que nos permitiria viver melhor?

Em primeiro lugar, devemos nos enlaçar, como diz a expressão, pela cintura, ou seja, será necessário ficarmos descontraídos, pegarmo-nos no colo... acariciarmo-nos.

Bem... Cuidado, não estou fazendo, evidentemente, a apologia do onanismo! [Risos...]

O que pretendo dizer é que devemos ter um pouco de ternura e de humor em relação a nós mesmos porque é isso que nos descontrai. E, no plano físico, é realmente uma certa descontração que é procurada. Aliás, estar descontraído é, finalmente, ver até que ponto podemos estar retraídos, imprensados (sem nos culpabilizarmos por isso). Devemos aprender a respirar, a respirar profundamente. A andar lentamente com os pés bem assentados no chão, ao mesmo tempo em que respiramos. A fluidez é o Sopro, é o *pneuma*.

Em seguida, no estágio afetivo, para reencontrarmos essa fluidez, será necessário deixar de lado essa espécie de exigência em relação ao outro (ou em relação a nós mesmos) para que ele seja perfeito.

A fluidez é o luto da perfeição.

A perfeição é rígida, enquanto o real é fluido. E incessantemente temos de escolher entre o real e a perfeição! Mas a realidade não é perfeita. Nesse caso, quando amamos alguém (seja o filho, seja o companheiro, seja a mulher de nossa vida), trata-se de aceitar que ele ou ela não seja perfeito(a) e esposar suas imperfeições; à semelhança de uma mãe que procura adaptar-se e, até mesmo, vai à busca do filho em suas imperfeições, já que é a partir desse estado que ela poderá reabilitá-lo, consolá-lo.

O Cristo era verdadeiramente assim; não só com seus discípulos, mas também com todos aqueles que ele encontrava em seu caminho. Eis o que era perturbador para aqueles que o encontravam: nada exigia deles; somente sua felicidade, seu despertar para a verdade.

A fluidez pressupõe também a confiança. Depositar confiança no outro, em seus limites. Amá-lo em seus limites, esposar seus limites, mas sem complacência! A fluidez não é complacência, mas inteligência. Uma vez que a inteligência é aderir ao que é, ser capaz de ler no que é.

No plano intelectual, a fluidez será, portanto, repor os conceitos em seu devido lugar. Falamos em sistema binário: assim, se utilizamos a palavra *branco*, é porque existe a palavra *preto* etc. E essa fluidez permite-nos apreender a relatividade do branco e do preto, do bem e do mal: "Vaidade das vaidades[20]...", como diz o Coélet, "o justo e o criminoso encontram-se juntos na fossa comum..."

Então, deixemos de colocar rótulos, diagnósticos! Mas isso não significa que sejamos otários, que aceitemos fazer seja lá o

20 No original, literalmente: "*Buée de buée*" [N.T.].

que for! Trata-se somente de aderir ao que é para transformar o que é; assim, ao que é não será imposta a adoção de nossas categorias que são sempre mais ou menos rígidas, fechadas, na defensiva e, portanto, limitadas.

Se fosse possível concluir tal cavalgada através da fluidez do ser, qual seria a palavra que você nos deixaria para nossa meditação?

Como poderei concluir de maneira fluida...? Creio que eu murmuraria incessantemente:

"Não apresse o rio... ele corre sozinho".

NO CAMINHO DO SORRISO E DAS LÁGRIMAS

Obrigado por esta refeição
Em que, retornando de inomináveis carnificinas,
Você me fez sorrir

Era o mesmo sal
Neste sorriso com lágrimas
E nas lágrimas
De impotência e de cólera,
A véspera

O mesmo sal
Que se extrai de nossas carnes
Para dizer o peso do mundo
E a leveza do devir

O sorriso, o beijo
A nuca
São, talvez, a saída

Um pouco de ternura humana

A expectativa do outro não é a adversidade do outro
Mas seu possível rosto
Que, de longe ou de perto, nos observa

Tenha fim o reino
Em que o absurdo e o medo são "eu"...!

Jean-Yves Leloup